L'ÉGYPTE [1001 PHOTOS]
LE FOOTBALL [1001 PHOTOS]
LA FRANCE DES VILLAGES [1001 PHOTOS]
LA MER [1001 PHOTOS]
LES MERVEILLES DE LA FRANCE [1001 PHOTOS]
LES MERVEILLES DU MONDE
LES TRAINS [1001 PHOTOS]
LES VOITURES DE RÊVE [1001 PHOTOS]
LES CHEVAUX
LES MERVEILLES DE LA FRANCE [1001 PHOTOS]
LES MERVEILLES DU MONDE [1001 PHOTOS]
LES MOTOS DE RÊVE [1001 PHOTOS]
NEW YORK [1001 PHOTOS]
LES OISEAUX [1001 PHOTOS]
PARIS
LES CHATS [1001 PHOTOS]
LA CORSE [1001 PHOTOS]
LES CHIENS [1001 PHOTOS]
LE CINÉMA [1001 PHOTOS]
LES ÎLES DU MONDE [1001 PHOTOS]
L'ÉGYPTE
LES OISEAUX [1001 PHOTOS]
PARIS [1001 PHOTOS]
LES PEUPLES DU MONDE [1001 PHOTOS]
LE RUGBY [1001 PHOTOS]
LA TERRE [1001 PHOTOS]
LES TRAINS
LE CYCLISME [1001 PHOTOS]
L'ÉGYPTE [1001 PHOTOS]
LE FOOTBALL [1001 PHOTOS]
LA FRANCE DES VILLAGES [1001 PHOTOS]
LA MER [1001 PHOTOS]
LES MERVEILLES DE LA FRANCE
SOLAR

[1001 PHOTOS]

LES VOITURES DE RÊVE

Conçu et réalisé par Copyright
pour les Éditions Solar

Textes : Fabrice Connen

Création graphique : Gwénaël Le Cossec

Mise en pages : Jacqueline Leymarie

Coordination éditoriale : Isabelle Raimond

Photogravure : Frédéric Bar

ISBN : 978-2-263-05564-5
Code éditeur : S05564/02
Dépôt légal : octobre 2011

Solar | un département **place des éditeurs**

place des éditeurs

[1001 PHOTOS]

LES VOITURES DE RÊVE

SOLAR EDITIONS

Sommaire

Les voitures inoubliables

Mythes et légendes

Le rêve américain

Le charme opère toujours

Les voitures de course

LES VOITURES INOUBLIABLES

DLY 163

L'art automobile

Si Fiat, fondée en 1899, s'oriente très vite vers la production de voitures populaires, il n'en est pas de même de ses deux contemporains que sont Isotta-Fraschini et Alfa Romeo. En 1907, Isotta-Fraschini se situe juste derrière Fiat.

La marque ne cesse de monter en gamme et en prestige pour devenir une référence de qualité jusqu'à la fin des années 1930. C'est en 1906 que Vincenzo Lancia lance sa marque, dont le chef-d'œuvre sera incontestablement la Lambda, présentée en 1922. Révolutionnaire avec son châssis autoporteur monocoque, elle est produite à un peu plus de douze mille exemplaires. En 1969, Lancia est intégrée au groupe Fiat.

Trois ans auparavant, c'est Alfa Romeo qui lie sa destinée au même groupe, Alfa qui a de tout temps affirmé sa vocation sportive. La 6C 2300 puis surtout la 8C 2900, directement issue de la course sous une carrosserie deux places civilisée, illustrent parfaitement cette volonté dans les années 1930. Maserati, aujourd'hui rentrée dans le giron de Fiat, n'a pas toujours connu un parcours serein. Elle laisse pourtant derrière elle la Grand Tourisme 3500 GT, la Mistral et surtout la Ghibli, apparue en 1967. Unanimement appréciée, la Ghibli n'atteint tout de même pas le statut de ses rivales de l'époque, la Ferrari Daytona et la Lamborghini Miura, issue d'une toute jeune marque pleine d'audace. Nous sommes en 1966, et Lamborghini, constructeur de tracteurs devenu marchand de rêves, ne s'arrête pas en si bon chemin.

Deux ans plus tard, c'est un impressionnant coupé 2+2 places qui est proposé, bien sûr propulsé par le moteur V12 maison. En 1971, la remplaçante de la Miura est présentée. Spectaculaire avec ses lignes tendues, la Countach impose le respect. Ses performances également : plus de 300 km/h, et cinq secondes pour passer de 0 à 100 km/h...

Alfa Romeo se distingue dans les années 1930, notamment avec la magnifique 8C 2900.

La Lancia Lambda est le premier chef-d'œuvre de Vincenzo Lancia. Pas moins de sept brevets ont été déposés pour sa conception ! Elle est la première voiture à recevoir une carrosserie autoportante, qui lui assure une excellente rigidité.

Les autres caractéristiques inédites sont un train avant à roues indépendantes et un quatre-cylindres au V très étroit (13°).

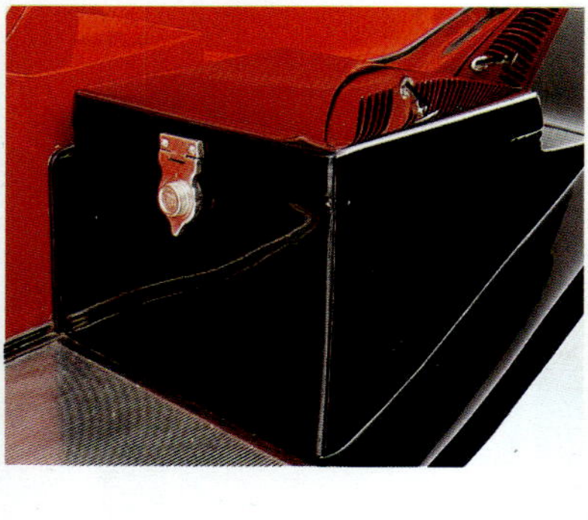

[2] et [3] La Lancia Aurelia et la Lancia Aurelia Spider ont un style assez proche des Alfa Romeo Giulietta. [1] L'élégante Lancia Flaminia succède aux deux modèles précédents.

4

[4] Modèle économique lancé en 1953, l'Appia jouit de l'excellente qualité de fabrication des Lancia.
[5] Après le succès de la Lambda, Lancia continue à se distinguer avec l'Aprilia, dont le CX et les formes sont très novateurs pour l'époque.

5

Vainqueur en Formule 1, constructeur de magnifiques automobiles de prestige, Alfa devra par la suite changer de stratégie. Il s'agit de rester dans la lignée des sportives, mais de manière plus démocratique. La Giulietta et son coupé sauront, dans ce contexte, créer la surprise des amateurs de la marque. Ici dans sa version SZ (pour Sprint Zagato), la petite sportive d'Alfa se distingue par sa caisse tout aluminium.

41
HSK 812

HSK 812

1

2

3

[1] et [2] Le design très réussi de l'Alfa Giulietta Sprint et son moteur de feu font de cette voiture un modèle très recherché aujourd'hui.
[3] Modèle ST Zagato.
[Ci-dessous] Version coupé.

2

1

3

4

En proie à des soucis économiques, Maserati ralentit, à partir de la fin des années 1950, son implication en course pour se concentrer sur la production de ses voitures de sport à usage civil.
[2] La 3500 GT montre la voie.
[1] et [3] Les Mistral.
[4] et [6] Ghibli.
[5] Khamsin.

5

6

Il fallait bien remplacer un jour la fameuse Miura. Toujours plus haut, toujours plus fort, voici la spectaculaire Lamborghini Countach, dévoilée en 1971.

countach
EE·202·AK

Les performances
de la Countach sont à l'image de
son look, détonantes !
Tout est démesuré
sur la Countach, sa largeur,
son coût, sa consommation,
son moteur, mais aussi
son charme !

THE LODGE

Francofolies

La France ne fut pas en reste dans la production de voitures prestigieuses. Évoquer cet âge d'or revient, hélas, à parler d'un paysage automobile d'où ont disparu la plupart des constructeurs qui ont produit ces merveilles. Delahaye en fait partie intégrante.

Modernes et jouissant d'une flatteuse réputation quant à leur qualité de fabrication, les Delahaye marquent notamment les esprits avec la fameuse 135 déclinée en une multitude de versions et de carrosseries. Delage, créée en 1905, s'attache également à fabriquer des modèles sportifs et ô combien luxueux. Une victoire aux 500 miles d'Indianapolis conforte l'image d'excellence du constructeur parisien, tandis que les D6 et D8 figurent aujourd'hui parmi les chefs-d'œuvre de la création automobile. Delage et Delahaye, propriétés de Hotchkiss, disparaissent en 1955.

Ce choix de l'élitisme condamne aussi deux autres marques de grand prestige. En premier lieu Bucciali, dont les frères du même nom n'avaient pas peur de la démesure. Incroyablement sophistiquées pour l'époque, les TAV, et notamment la TAV 12, ne sont produites qu'en toute petite série. Plus connue, Talbot-Lago réalise des modèles sportifs parmi les plus prestigieux de l'automobile française, avec souvent des lignes à couper le souffle. La marque remporte les Vingt-Quatre Heures du Mans en 1950 avant de disparaître six ans plus tard.

Étonnante histoire enfin que celle de Facel Vega qui illumine pendant seulement dix ans, de 1954 à 1964, l'univers automobile. Industriel, ingénieur, designer et inventeur de génie, Jean Daninos ne désire rien d'autre que le meilleur pour ses Grand Tourisme de luxe. Faute de soutien financier, notamment de la part d'un grand constructeur, Daninos renonce vite, non sans avoir révélé, parmi les 3033 voitures produites, des merveilles, telles les HK 500.

Mêlant leur histoire en France et en Angleterre, les Talbot-Lago sont de somptueuses voitures de rêve. Ici, un modèle T26 de 1949.

[1] à [3] Traction avant, moteur V12, ligne à couper le souffle sont au menu de l'exceptionnelle Bucciali TAV 12 produite à seulement deux exemplaires ! [4] et [5] Delage est un autre orfèvre de l'industrie française. La D8 est une des plus belles réalisations automobiles. [6] et [7] Les Delage ne sont pas seulement de luxueuses berlines, mais aussi de brillantes voitures de course, comme ici la D6 et son moteur six cylindres.

1

2

3

4

5

6

7

Symphonie de carrosseries sur base de Delahaye 135 et 235.
[1], [3] et [4] Extrapolation de la 135, le modèle 235 et ses différentes versions sont le chant du cygne du constructeur tricolore.
[2] La 135 était également une redoutable machine de course.
[Ci-dessous] Une Figoni & Falaschi toute en rondeurs.

1

2

3

4

[1] à [3]
Plus beau et plus élégant qu'une Talbot-Lago ? Pas facile ! Admirez les courbes interminables de cette SS (pour Super Sport) de 1938.

3

[4] Autre exercice de style avec ce modèle T26 de 1948 habillé par le carrossier Saoutchik.

4

Ce modèle T150-C-SS 1937 dit, « goutte d'eau », permet, grâce au profilage de sa carrosserie signée Figoni & Falaschi, de gagner 20 km/h en vitesse de pointe.

[1] et [ci-dessous] Industriel renommé, Jean Daninos s'est lancé crânement dans la production de voitures de prestige. Il laisse, avec ses Facel Vega, de superbes et mythiques Grand Tourisme au patrimoine de l'automobile française.
[2] La première est la FV, suivie des HK 500 en 1958.

1

2

ALBERGO D
AOSTA
94
SESTRIERE
94
300-DE 15

Géniale raison

Si aujourd'hui il n'est pas facile de conjuguer constructeur généraliste de grande diffusion et créateur de rêves, les trois grandes marques automobiles françaises que sont actuellement Citroën, Peugeot et Renault ont dans le passé élaboré des modèles propres à enthousiasmer les foules.

Renault, par exemple, conçoit la 40CV, prestigieuse et impressionnante automobile de plus de cinq mètres de long et équipée d'un six-cylindres de 9100 chevaux. Elle est dotée d'un servofrein breveté par Louis Renault.

La Nervastella puis la Suprastella suivent, avant que la marque au losange ne se concentre sur des voitures de grande diffusion après la Seconde Guerre mondiale. Elle rachète en 1974 la société Alpine qui fabrique ses premières automobiles sur des bases de 4CV avant de concevoir l'inoubliable A110.

Le génial André Citroën marque lui aussi à jamais l'histoire automobile. C'est avec des autochenilles Citroën que les expéditions baptisées « croisière jaune » et « croisière noire » prennent le départ. On n'oublie pas non plus les C4 et C6 des années 1930, pas plus que la fantastique Traction Avant, qui, si elle n'a pas tout à fait l'allure d'une voiture de prestige, en a par contre la technologie. Idem pour l'extraordinaire DS sortie en 1955, ou la géniale 2CV : deux autos qui font partie du club très fermé des stars du XXe siècle.

C'est de Franche-Comté que les Peugeot, vieille famille d'entrepreneurs et d'inventeurs, se font connaître en fondant la société des Automobiles Peugeot en 1896. Si la Quadrilette lance réellement la société dans les années 1920, des modèles comme la 301, la 601 ou la 402 ont eu à leur époque un prestige certain, tout comme les très beaux coupés issus de la 504 ou de la 406.

Routière, familiale, sportive, la Citroën Traction Avant est de tous les combats !

1

2

[1] à [4] Au bord de la faillite, l'usine Citroën, avec l'aide financière de Michelin, sort la voiture qui marque un tournant décisif dans l'histoire de Citroën. Avec la Traction, Citroën s'engage dans une longue tradition d'innovations et de non-conformisme. Elle fut produite à 750 000 exemplaires et seule la révolutionnaire DS parviendra, plus tard, à faire oublier la Traction.

3

4

5

[5] Rare et originale, la Citroën 15CV présidentielle carrossée par Franay en 1955.

Reine des villes,
mais aussi
des champs, berline,
coupé ou cabriolet,
la Traction Avant
est inoubliable.

Sa conception totalement révolutionnaire, avec son mode de traction avant, sa structure monocoque et ses freins hydrauliques, confèrent à la Traction une tenue de route étonnante.

Née de la fusion entre Citroën
et Maserati, la SM est
une voiture magnifique.

Elle est aussi l'apanage des grands de ce monde comme le pape ou les présidents de la République.

La Citroën SM incarne le Grand Tourisme à la française. Son lancement en 1970 est salué par l'ensemble des observateurs.

Des problèmes de fiabilité à ses débuts, puis la crise pétrolière de 1973, ont malheureusement eu raison de la SM, qui a malgré tout marqué l'histoire de la marque aux chevrons.

1

2

[1] à [6]
C'est en 1935 qu'est présentée la Peugeot 402. La silhouette dite « fuseau Sochaux » est très innovante pour l'époque avec les deux phares avant installés sous la calandre. Coupés et cabriolets sont dérivés de la 402.

3

[7] Une série de 402 très spéciales est également réalisée par Émile Darl'mat, concessionnaire Peugeot à Paris, comme ce très joli coupé biplace.

Après la 402, place à la 403,
apparue en 1955.
Un an plus tard, la marque
de Sochaux présente
le cabriolet qui va faire
le bonheur de la série
télévisée Columbo.

Dans la tradition
des élégants coupés
et cabriolets de la marque
voici la 504 dessinée
par Pininfarina.
La version dotée
du moteur V6 était
fort prisée.

504

1

2

3

[1], [3], [4] et [6] Descendante de la 40CV et de la Reinastella, la Renault Nervastella est le porte-drapeau de la marque dans les années 1930. [2] et [5] La Nervasport est une version allégée et raccourcie de la Nervastella. Comme pour la 40CV, c'est un V8 qui la propulse.

4

5

6

Les Nervastella sont appréciées pour leurs qualités esthétiques. Cinq versions sont au catalogue : berline, coupé, cabriolet, coach décapotable et limousine.

Elle animent pendant
les années 1930
les cortèges officiels.

La Renault Suprastella,
qui succéde à la Nervastella,
est peut-être la dernière voiture
de grand prestige fabriquée
par la marque. En 1939,
la Suprastella couronne
une gamme où se côtoient
voitures populaires
et automobiles d'exception
concurrençant les Mercedes,
ainsi que toutes les marques
de prestige françaises
aujourd'hui disparues.

RENAULT

DB5

L'île de la tentation

La véritable montée en flèche des voitures de sport anglaises s'est produite après la Seconde Guerre mondiale, notamment sur le marché américain. C'est à ce moment-là que nombre de constructeurs britanniques, petits ou grands, se taillent une belle réputation.

Les Aston-Martin de l'immédiat après-guerre sont de belles automobiles, mais c'est avec la DB4 que la marque de Newport Pagnell gagne ses lettres de noblesse.

Habillée d'une carrosserie dessinée en Italie, la DB4 possède une ligne d'une rare élégance. Sous sa robe, c'est un six-cylindres issu du programme sportif du constructeur qui s'exprime. La DB4 donne vie à la DB4 GT qui servira à l'élaboration de la DB4 GT Zagato, sans conteste la voiture la plus convoitée de toute la production Aston-Martin. Produite à dix-neuf exemplaires, la Zagato bénéficie d'une ligne très spéciale et d'un moteur aux performances optimisées.

Évolution de la DB4, la DB5 restera à jamais l'Aston de James Bond, avant qu'elle ne prenne la forme de la grande DB6. Séduits par les lignes de la Healey, le groupe British-Leyland va convaincre l'usine anglaise de fusionner avec lui pour produire ensemble celle qui allait devenir l'Austin-Healey, appelée à avoir un très beau succès relayé en 1959 par la 3000 et son moteur six cylindres de 2912 cc.

MG enthousiasme également les foules avec ses modèles A puis B, leurs lignes attrayantes et leurs mécaniques simples et fiables qui vont en faire des voitures de collection recherchées. Triumph a également perpétué, par une célèbre lignée de cabriolets, la tradition des roadsters sportifs chers aux Britanniques. L'histoire commence en 1953 avec la TR2 avant de s'accélérer avec le succès des jolies TR3 et TR4, puis la marque décline peu à peu dans les années 1970 pour cesser sa production en 1981.

La magnifique Aston-Martin DB5 restera pour toujours la voiture de James Bond !

Si les Aston-Martin sont connues pour les déclinaisons des DB, d'autres modèles jalonnent l'histoire de la marque.
[1] La Lagonda Virage.
[2] L'International.
[3] Le Mans.
[4] L'Ulster.

1

2

3

4

1

[1] La V8 Vantage Zagato produite entre 1986 et 1988 ne connaît qu'un succès mitigé.
[2] et [3] L'Aston Martin DB5 marque la fin de la glorieuse histoire initiée depuis les DB4. 2

3

[4], [5] et [6]
L'apparition de la DB2, puis de la DB4 et de la DB6 annonce les années glorieuses d'Aston-Martin. Élégantes et raffinées avec leur carrosserie dessinée en Italie, elles perpétuent de longues années durant l'excellente image de la marque Aston.

Née de l'union entre le constructeur anglais Healey et le groupe British-Leyland, voici la très jolie Austin-Healey.

Au fil du temps, le petit coupé sportif ne cesse de gagner en raffinement, comme en témoigne son tableau de bord très complet en bois verni.

Moins chère qu'une Jaguar, l'Austin Healey 3000 connaît un très beau succès commercial, notamment aux États-Unis où 80% de la production est vendue.

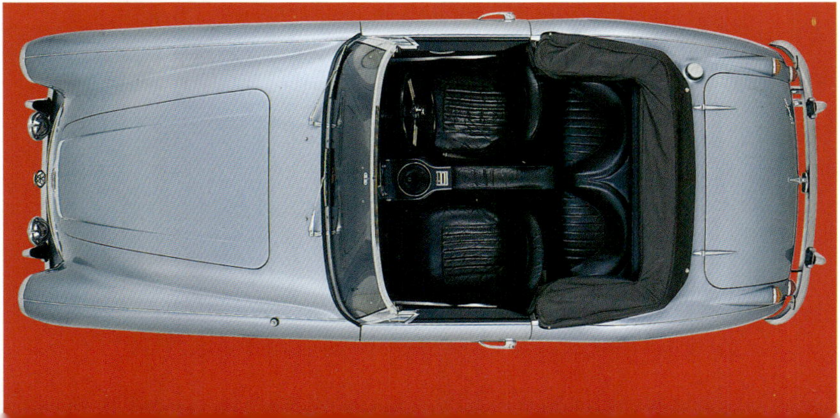

XSU 431

Les MG et les Morgan expriment parfaitement la culture du Grand Tourisme à l'anglaise, terre d'expression d'une multitude de petits constructeurs de génie. [Page de gauche] et [2] La MGA et surtout la MGB rencontrent un incroyable succès dans le monde entier. [1] Fidélité au classicisme chez Morgan avec la Plus 8, encore fabriquée récemment.

1

2

[1] et [page de droite]
La TR3 apparaît en 1955.
[2] La très jolie TR4 illumine
les années 1960.

TRIUMPH
UVS 847

NLB 801K

La passion automobile

C'est en 1952 que l'ingénieur Colin Chapman fonde Lotus. Quelques années plus tard sort la fameuse Seven, disponible aujourd'hui sous le nom de Caterham, sorte de moto sur quatre roues montée sur un châssis multitubulaire lui assurant une rigidité, une légèreté et une tenue de route exceptionnelles.

En 1962, alors que Lotus et son pilote Jim Clark commencent à truster les succès en Formule 1, naît le modèle Elan qui permet à l'artisan britannique de passer au stade industriel. La particularité de l'Elan, inspiré de son aîné le modèle Elite, est son châssis-poutre central en acier qui lui assure rigidité et légèreté. Après la mort du génial Chapman, qui aura été à l'origine de nombreuses révolutions techniques, la société décline, est vendue au groupe GM, puis rachetée par l'industriel italien Artioli avant que le relais ne soit passé au groupe malaisien Proton.

Belle histoire également que celle de Jaguar, dont la première voiture dessinée par William Lyons est la SS100. Mais c'est en 1948 que le constructeur crée une première sensation avec la XK120. Trois ans seulement après la guerre, le public, habitué aux formes carrées de l'avant-guerre, est stupéfait de la beauté des lignes de la nouvelle venue. Elle est aussi belle que rapide et connaît un très beau succès. William Lyons rejoue une partition identique avec la Type E en 1961 qui, là encore, ne suscite que des regards ébahis sur son passage.

Plus récente, mais tout aussi exceptionnelle, est la McLaren F1 GTR dans laquelle le constructeur de Formule 1 a mis tout son savoir-faire. Ses lignes efficaces cachent un V12 BMW, au feulement métallique caractéristique, qui est chargé de propulser cette bête de route et de course qui va s'imposer aux Vingt-Quatre Heures du Mans 1995 !

Reconnaissable entre toutes avec son immense capot à la Tex Avery, la Jaguar Type E en action.

À sa sortie en 1948, la Jaguar XK120 symbolise le retour du rêve automobile après les difficiles années de guerre.

C'est également elle qui lance la mode des voitures de sport européennes sur le marché américain. La XK120 (pour 120 miles par heure), par la suite, se mue en XK140 puis XK150.

Après la XK120,
voici la Jaguar Type E,
second chef-d'œuvre
de la marque
anglaise.
À sa sortie en 1961,
les vedettes
de cinéma
la commandent
immédiatement,
tandis que
les journalistes
se battent
pour l'essayer !

En 1957, Lotus lance sa première voiture réputée. La Seven est un des succès de la marque jusqu'en 1973, année où le modèle est cédé à Caterham, qui le produit toujours aujourd'hui.

La conception de la Lotus Seven vient des courses sur circuits et même en tout-terrain où les productions du petit constructeur font merveille. Sa taille, son poids et son centre de gravité très bas lui assurent une excellente tenue de route.

1

2

3

[1], [3] et [4] Reconnue avec la Seven, la firme Lotus explose réellement avec son modèle Elan, compact et léger avec son châssis-poutre et sa carrosserie en polyester.
[2] Ses évolutions dans les années 1990 sont un peu moins enthousiasmantes.

4

[5] Avant l'Elan, la Lotus Elite ouvre la voie à une série d'étonnantes petites voitures de sport à très hautes performances. [6] Deuxième du nom et lancée en 1974, l'Elite II est un coupé 2+2 places.

5

6

Quand un constructeur de Formule 1 et BMW se rencontrent, cela donne une *supercar* nommée McLaren F1 GTR. 610 chevaux et 360 km/h sont au programme ! Côté sportif, elle remporte les Vingt-Quatre Heures du Mans en 1995, excusez du peu !

Position centrale décalée en avant pour le conducteur, qui peut emmener deux passagers de part et d'autre de son baquet.

Dotée de performances hors norme, la McLaren F1 GTR bénéficie d'un design très fluide et pur, faisant d'elle une des sportives les plus racées de ces dernières années.

M-LN 3598

Un label de qualité

Le groupe Daimler-Benz, fondé en 1926, puise ses racines dans l'œuvre de deux pionniers de l'automobile : Gottlieb Daimler et Karl Benz. En 1901, un riche amateur passionné d'automobiles persuade Daimler de lui construire une voiture à hautes performances qu'il appelle du prénom de sa fille Mercedes.

À la fusion des deux enseignes, les voitures portent alors le nom de Mercedes-Benz. Ces magnifiques voitures, dotées le plus souvent des derniers raffinements techniques, deviennent très vite une référence en matière de qualité de fabrication et de sportivité. C'est le cas avec les très performantes séries S, SS et SSK dotées de moteur à compresseur.

À partir des années 1930, chaque apparition en course du constructeur allemand est synonyme de cauchemar pour la concurrence, tant les Mercedes sont de redoutables machines à gagner, très en avance sur leur temps. Qu'il s'agisse de modèles sportifs comme la 300SL, du magnifique petit coupé 280SL, de l'imposante 600, souvent choisie comme voiture présidentielle, en passant par les séries S, C ou E, Mercedes est toujours resté fidèle à son image de sérieux et de créativité, de prestige et de longévité. En 1998, l'entité allemande fusionne avec Chrysler pour devenir le groupe Daimler-Chrysler.

Fondé en 1918, BMW se consacre d'abord aux avions, comme le rappelle son logo en forme d'hélice. C'est dans les années 1930 que la très aérodynamique 328 apparaît.

En 1956, la superbe 507 écrit une nouvelle belle page du constructeur bavarois. La réputation de BMW ne cesse de grandir dans les décennies suivantes avec des modèles d'exception comme la 3.0 CSL et la bestiale M1, et toutes les autres séries M développées par la branche Motorsport du constructeur bavarois.

Heureux allemands qui avec BMW, dont on voit ici un élégant modèle 503 cabriolet, Mercedes et Porsche, ont su pérenniser trois des plus grandes marques de prestige automobile.

Après les séries S, SS, et SSK, Mercedes délaisse un peu le sport pur et dur pour le Grand Tourisme avec sa 540 K.

Ligne agressive et intérieur garni de bois et de cuir fin, la 540K fait partie de la famille des grandes routières d'exception.

Sous la magnifique robe déclinée en roasdster, cabriolet ou coupé, se cache un formidable moteur 5,4 litres à compresseur de 180 CV.

Dès 1936, comme ses sœurs engagées en course, la 540K doit, par sa puissance, démontrer la supériorité technologique allemande.

1

2

Extrêmement réputée, Mercedes a également toujours eu une offre très fournie.
[1] La 300SC.
[2] La 300 de 1959.

3

4

[3] et [4] Deux générations de Mercedes 200 : l'une de la deuxième partie des années 1950, la seconde sortie en 1951. Trait commun des deux modèles : une qualité de fabrication parfaite.

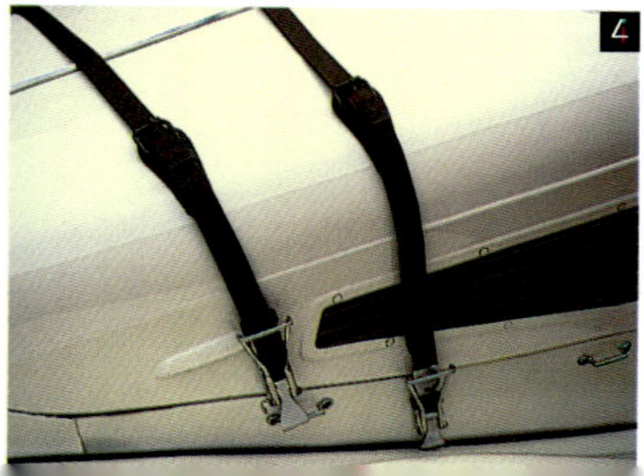

[1] à [6] et [double page suivante]
Il n'aura fallu que sept ans d'expérience dans l'automobile, pour que BMW, spécialisé auparavant dans l'aéronautique, ne produise une voiture de sport d'avant-garde avec sa 328. Une nouvelle ère commençe.

5

6

BMW 504

1

2

3

4

5

[1] et [2] On dit de la BMW 507 que c'est un des designs les plus réussis de l'automobile. Elle confirme en tout cas BMW au rang de marque de très haut niveau.
[5] Après vient la 700.
[3] Puis BMW produit la classique 2002, voiture de grande diffusion qui lui permet d'élargir sa gamme et de devenir un constructeur de grande diffusion.
[4] Le beau coupé 3.0 CSL donne ses lettres de noblesse à BMW dans les courses en catégorie Tourisme.

Après avoir sévi
dans les courses
de Tourisme,
BMW décide avec
sa M1 de s'attaquer
au monde du
Grand Tourisme.
Les courses
acharnées des
pilotes de F1 en
lever de rideau
des Grands Prix
participent
largement à
sa notoriété.

eggenberger
motor-sport
66
ARCUS-AIR

Le projet M1, initié en 1976, est le premier de la branche compétition, dénommée Motorsport par l'usine bavaroise. Pour être homologuée en course dans le Groupe 4, la M1 est produite à 456 exemplaires.

Mue par un six-cylindres
à quatre soupapes par cylindre,
technlogie rare pour
l'époque, la M1
peut atteindre 260 km/h.

Ambiance course
à l'intérieur avec le tableau
de bord à large casquette
et les gros compteurs affichant
des vitesses déjà illicites !

Les lignes tendues témoignent bien de son appartenance aux années 1970. Très basse, la M1 dessinée par Giugirao ne mesure que 114 cm de haut.

L235 FKN

Un rêve planétaire

La fin des années 1920 et le début des années 1930 sont aujourd'hui considérées comme l'âge d'or du classicisme automobile. Face aux grandes puissances industrielles de l'automobile, des marques suisse, espagnole et aponaise vont laisser quelques chefs-d'œuvre au patrimoine de l'automobile.

C'est le cas de la firme suisse Hispano-Suiza née en 1904 en Espagne. Les modèles conçus par l'ingénieur Marc Birkigt connaissent très vite le succès. L'heure est alors aux supercars et, au milieu de ce combat des chefs, Hispano-Suiza produit son extraordinaire Type 68. Luxueuse et performante, la 68 est aussi technologiquement très évoluée avec sa boîte à trois rapports synchronisés, rare pour l'époque, son servofrein déve-oppé par Birkigt, bien utile pour freiner les deux tonnes d'une voiture capable d'atteindre 160 km/h.

Vingt ans plus tard, c'est d'Espagne que vient une nouvelle alternative aux Ferrari avec Pegaso, une marque de camions qui produit une voiture parfaitement aboutie avec a Z102. Seulement une centaine de voitures sont produites, Pegaso jouant la carte de 'élitisme. L'aventure cesse en 1957.

Cantonnée aux voitures sérieuses et solides, Volvo se permet quand même une petite folie avec le coupé P1800. Élégante et athlétique, la belle suédoise pâtit un peu d'une mécanique sans caractère, face par exemple à sa grande rivale du moment, la aguar Type E.

C'est au tour du Japon de se distinguer avec Honda, une marque jusqu'ici connue pour a qualité de ses motos. La pionnière est la minuscule et craquante S800, mais en 1989, avec la NSX, ce sont les bastions européens que le géant nippon vise. Le succès commercial est au rendez-vous, notamment aux États-Unis.

Gloire à la Mazda Miata, dite MX5, qui relance à sa sortie en 1990 la mode du cabriolet.

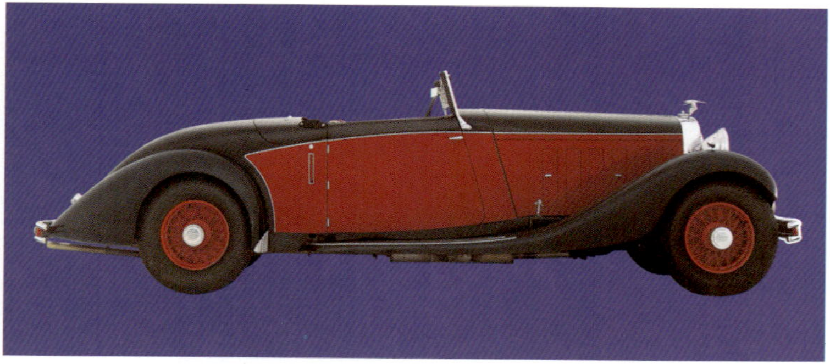

Splendeur du passé, voici l'Hispano-Suiza Type 68, chef-d'œuvre du constructeur suisse né en Espagne. Ces voitures d'une technologie et d'un luxe prodigieux n'eurent malheureusement pas de descendance, emportées par le tourbillon des crises économiques des années 1930.

Après la superbe H6, Hispano-Suiza se lance dans la course des *supercars* initiée par Bugatti et sa Royale. La cigogne, emblème de la marque, rivalise avec l'éléphant dressé ornant le bouchon de radiateur des Bugatti.

Cent dix exemplaires de la 68 seront vendus sous diverses carrosseries. Comme leurs rivales, les 68 sont livrées châssis nu, chacun l'habillant à sa façon. Le moteur, lui, est un énorme V12 de 9500 cc qui développe jusqu'à 220 CV.

GER 663E
Honda

[Page de gauche] Les Japonais passent à l'offensive avec l'adorable Honda S800.
[1] à [3] La novatrice NSX, apparue en 1989, joue sur les terres de Porsche et de Ferrari.

1

2

3

1

Mazda a de tout temps eu la culture du coupé. [1] La Cosmo de 1967. [4] La RX4 de 1970. [2] et [3] La plus marquante est toutefois la RX7 qui, depuis 1978, cultive sa différence en matière de moteur avec son fameux système rotatif.

2

3

4

De toute l'Europe sont apparues des voitures de rêve. [1] et [4] Volvo et son Coupé 1800 de 1961. [2] Minerva et son AK de 1927 venue de Belgique. [3] Pegaso, constructeur de camions espagnol et auteur de la splendide Z102 en 1951.

MYTHES ET LÉGENDES

Une notoriété incomparable

Après vingt années passées à défendre les couleurs d'Alfa Romeo sous la bannière de son écurie, la scuderia Ferrari, c'est en 1940 qu'Enzo Ferrari crée l'AAC (Auto-Avio Construzioni). Effort de guerre oblige, ce sont des moteurs d'avion qui y sont assemblés, puis des machines-outils.

C'est en 1947 dans sa nouvelle usine située non loin de Modène, à Fiorano, que naît la première voiture à porter son nom, la 125S. Elle arbore sur ses flancs la célébrissime enseigne du cheval cabré, peinte sur la carlingue de l'avion de chasse de l'as de la Première Guerre mondiale Francesco Baracca. Ce cheval noir sur fond jaune, les couleurs de Modène, est le porte-bonheur prédit par la comtesse Baracca, la mère du pilote disparu.

Dès sa deuxième sortie en compétition, la 125S s'impose. D'autres succès importants se succèdent, et déjà les premiers clients frappent à la porte. Ferrari est en marche et n'a jamais cessé depuis de produire en quantité limitée des bolides de compétition et des joyaux cousus main qui font aujourd'hui l'événement des ventes aux enchères.

Casanier et n'aimant que modérément l'ambiance des circuits où il avait vécu plusieurs drames, Ferrari envoie ses voitures et ses pilotes conquérir la planète. Lui qui disait qu'une Ferrari « ne s'achète pas, mais se désire » bâtit en quatre décennies la marque la plus célèbre du monde. Approchée par Ford puis passée sous le contrôle du géant Fiat, la marque Ferrari ne s'est jamais départie de ce principe.

Tout l'art des successeurs de l'« Ingeniere », disparu en 1988, est de continuer à marier l'artisanat à la technologie avancée. Fou de compétition, qui était le sang de sa vie, Ferrari aurait été fier de voir le succès revenu au sein de sa glorieuse scuderia avec Michael Schumacher et Kimi Räikkönen, tous deux champions du monde avec les rouges.

Une Ferrari rouge frappée du fameux emblème jaune et du cheval cabré. Le mythe est là.

Silhouette de rêve,
mécanique hors norme
et fabuleux palmarès,
la 250 GT châssis court,
ou SWB, est tout cela à la fois.
Ce merveilleux coupé
à moteur V12 a été produit
à 163 exemplaires avant de
céder la place à la GTO.

RU 15

C'est en 1968 qu'est présentée la Ferrari 365 GTB/4 baptisée également Daytona en souvenir de la victoire de la marque aux Vingt-Quatre Heures de Daytona 1967.

Déclinée également en version spider, la berlinette italienne se bâtit un beau palmarès sportif en catégorie Grand Tourisme.

C’est bien sûr un V12
de 4,4 litres de cylindrée
qui se niche sous la carrosserie
signée Pininfarina.

DEL-LS 11

Ferrari
Dino gt

La Ferrari Dino 246 GT tenait une place à part dans le cœur d'Enzo Ferrari. Elle porte en effet le nom de son fils Alfredo, dit Dino, prématurément disparu. Cette voiture est équipée d'un V6 dont Dino aurait été l'instigateur.

La Dino est la première Ferrari de route à être dotée du moteur central. Cette architecture fait d'elle une voiture particulièrement maniable et efficace.

[1] à [3] Construite en hommage au fondateur de la marque, l'Enzo est peut-être la voiture de série la plus proche de la conception d'une monoplace de course. [Page de droite] Reconnaissable avec ses imposantes grilles latérales, la Testarossa de 1988 reprend le nom d'un des modèles les plus célèbres de la marque.

2268 DD

[1] à [3] Après la Testa Rossa des années 1980, Ferrari développe sur le même thème la 512TR.

4

[4] et [5] Si la 512 TR reprend les mêmes ouïes latérales que son aînée, elle est également dotée du fameux moteur V12 à plat.

5

La F40 célèbre les quarante ans de la marque au cheval cabré. C'est le dernier rêve du Commendatore, décédé un an plus tard.

CALIFORNIA
PIZ 530

Le summum automobile

C'est en 1913 que naît dans l'esprit du jeune Ettore Bugatti l'idée de concevoir une automobile incomparable. Elle doit être plus grande qu'une Rolls tout en étant plus légère, et doit fonctionner dans un silence parfait. Treize ans avant que ne roule la première Royale, tout est dit !

Lorsque le programme de la Type 41 débute en 1926, c'est aussi la légende Bugatti qui se met en route. Produite à six (ou sept ?) exemplaires, cette extraordinaire automobile est un rêve, celui d'Ettore Bugatti : construire une automobile dont seuls les princes et les rois seraient dignes de devenir propriétaires. Pourtant, paradoxalement, jamais l'un d'eux ne s'en portera acquéreur.

Le coupé présenté au Salon de Paris 1928 est affiché à 697 000 francs. À l'époque, un instituteur gagne moins de 1 000 francs par mois. Seuls trois exemplaires sont vendus sur une gamme proposant des voitures extrêmement dissemblables, selon le carrossier ayant habillé les châssis. Épaulé par son fils Jean, Bugatti conçoit d'autres merveilles, comme la Type 35 puis la 57, qui contribuent à leur tour au prestige du constructeur aux 10 000 victoires et 37 records !

La mort d'Ettore et celle, précoce, de Jean laissent la marque orpheline, et celle-ci disparaît dans les années 1950. C'est en 1987 que la renaissance a lieu avec l'industriel italien Artioli, qui produit la EB110, avant que le groupe Volkswagen-Audi ne rachète la marque quelques années plus tard. De retour dans le fief historique en Alsace, dans la ville de Molsheim, l'usine Bugatti commercialise dans les mois suivants la Bugatti Veyron 16.4. Avec son seize-cylindres, ses 1 001 chevaux et son prix de vente fixé à 1,196 million d'euros, la Veyron est, sans conteste, la digne descendante de la Royale !

Chef-d'œuvre parmi les chefs-d'œuvre, la Bugatti Royale type 41 représente l'expression suprême de la création automobile.

[1] et [2] La Type 13 conçue en 1910 est la première vraie voiture produite en série par Bugatti. Son petit quatre-cylindres lui autorise une vitesse de pointe de 95 km/h. [3] La Type 23 connaît de beaux succès en course, ce qui stimule les ventes de Bugatti dans les années 1920.

[Ci-dessous] Après la disparition du père fondateur Ettore et de son fils Jean, la marque ne survit pas longtemps. Le dernier sursaut a lieu en 1951 avec la Type 101, qui ne rencontre pas le succès escompté.

Ce coach Kellner est l'une des six Royale encore existantes. Onze carrosseries, toutes très différentes les unes des autres, viennent habiller cette automobile de plus de six mètres de long, si caractéristique avec ses immenses roues. On remarque le bouchon de radiateur en bronze sculpté en forme d'éléphant dressé. Cet emblème Bugatti est l'œuvre du frère d'Ettore Bugatti, Rembrandt.

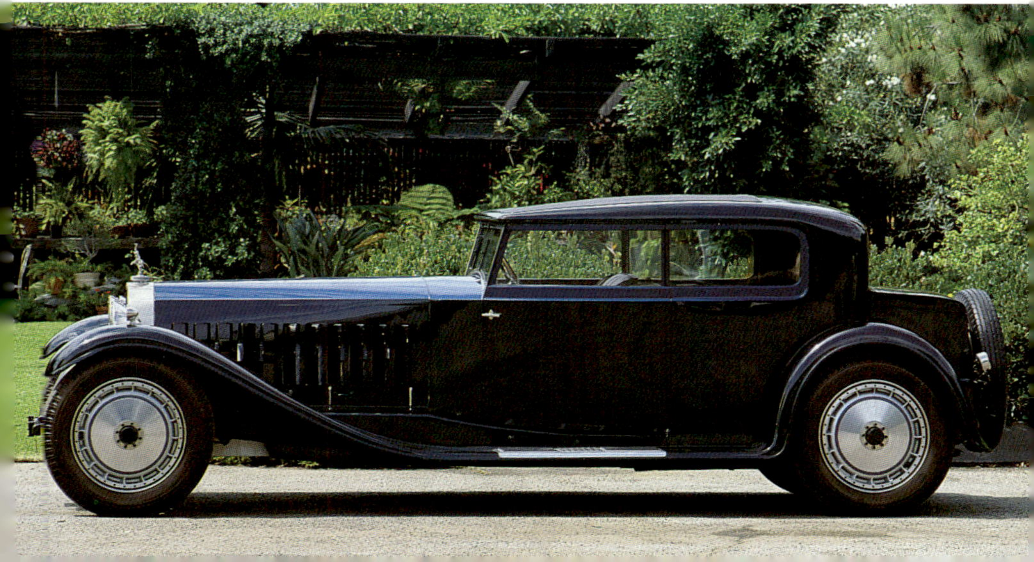

Jamais automobile de course ne fut à ce point civilisée, mais jamais grande routière ne fut aussi efficace en compétition. Produite de 1924 jusqu'au début des années 1930, la Type 35 apporte gloire et succès au constructeur alsacien.

[1] à [3] Avec la 35 et la Royale, la Type 57 est la Bugatti la plus connue. La 57, ici dans sa version Atalante, est aussi celle qui eut le plus grand succès commercial.

[Ci-dessous] Livrée châssis nu, la 57 est proposée avec une multitude de carrosseries, les plus belles étant souvent l'œuvre de Jean Bugatti, fils d'Ettore. Avec son immense capot et ses formes tout en galbes, l'Atalante reste un des chefs-d'œuvre de la marque.

Rachetée par l'industriel italien Artioli, la marque Bugatti renaît à travers l'EB 110. Les plus grands noms de l'automobile se sont penchés sur la genèse de ce projet, faisant de cette *supercar* une voiture hors norme comme les aimait Ettore Bugatti.

La Bugatti EB110 est dotée d'un diabolique V12 de 3,5 litres de cylindrée dopé par quatre turbos. Ce sont alors 560 chevaux qui propulsent cette voiture !

959

Les formules à succès

Si Porsche fut fondée à Stuttgart en 1938, la marque ne commence à concevoir ses propres modèles que dix ans plus tard, se spécialisant dans les coupés sportifs. Ferdinand Porsche avait été le père de la Volkswagen Coccinelle, mais c'est à son fils Ferry que l'on doit le premier modèle de la marque, la 356.

Cette voiture tient son nom du fait que c'était le 356e projet du bureau d'études maison. Si les nécessités de l'après-guerre imposent de fabriquer cette auto sur la base d'une Coccinelle, ses gènes sont ceux d'une authentique sportive. De l'autre côté de l'Atlantique, les Américains découvrent ces pur-sang européens qui vont rapidement monopoliser les podiums des courses de voitures de sport. L'un deux, un certain James Dean, « craque » très vite pour la 356 cabriolet avec laquelle il va courir, avant de se tuer accidentellement au volant de la version sportive qu'est la 550 Spyder.

Comme toutes les automobiles de caractère, la 356 n'est pas facile à remplacer, mais avec la 911 Butzy Porsche, le fils de Ferry crée un nouveau chef-d'œuvre qui connaît très vite un énorme succès. Le cœur de ce coupé 2+2 à l'allure très sportive est son six-cylindres maison refroidi par air. Porsche, que l'on croyait depuis condamné à vivre dans la monoculture de la 911, a su ces dernières années se diversifier en concevant la Boxster, puis la Carrera GT classée au rang de supercar, et enfin le Cayenne, investissant ainsi le haut de gamme des véhicules 4X4.

Auréolé de succès, le constructeur allemand s'est imposé sur toutes les pistes et tous les terrains du monde, aussi bien au Mans qu'au Paris-Dakar. Porsche est aussi un bureau d'études reconnu, qui a collaboré avec de nombreuses marques, ainsi qu'un groupe industriel indépendant et aujourd'hui très profitable.

911 poussée à son paroxysme, voici la Porsche 959,
à la fois vitrine technologique et bête de course du constructeur allemand.

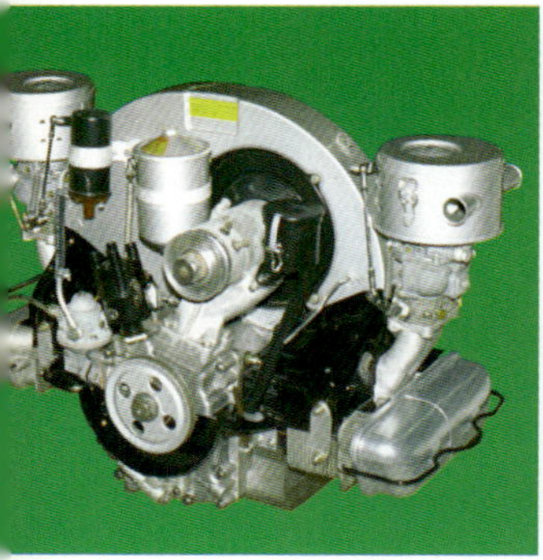

C'est par elle que tout commence. Formé à l'école Mercedes, puis créateur de la Vokswagen Coccinelle, Ferdinand Porsche se lance en tant que constructeur en 1949. 356e projet du bureau d'études maison, la Porsche 356, dessinée notamment par son fils Ferry, est d'emblée un succès. Le moteur et le châssis sont issus de la Coccinelle.

Si la 356 reprend quelques éléments de la Coccinelle, ses gènes sont avant tout puisés dans la compétition automobile. Elle a connu une très belle carrière sportive. Coupé ou spider, les lignes en rondeurs de la 356 ont fait fureur, notamment sur le marché américain.

Née pour la compétition mais homologuée sur la route, la Porsche 959 n'en a pourtant pas oublié ses origines. Sa victoire au Paris-Dakar 1986 en atteste.

Outre ses performances impressionnantes, la Porsche 959 est surtout pour l'époque un concentré de technologie. Quatre roues motrices gérées électroniquement, garde au sol paramétrable, détecteur de baisse de pression des pneus, sans oublier l'ABS. N'oublions pas que nous ne sommes qu'en 1986, et Porsche vient de placer la barre très haut !

La 959 est produite à deux cent trente exemplaires afin d'être homologuée en compétition. Quelques rares exemplaires sont vendus pour une utilisation routière, faisant de la 959 un collector très recherché.

Plus longue, plus basse
et davantage carénée
qu'une 911, la 959 dispose
d'un très bon CX de 0,31.

[1] Avec la dernière version de la GT3, Porsche et sa 911 restent toujours dans la course à la performance.

1

2

[2] L'irrésistible 911 dans sa version Targa, que les amateurs de bande dessinée ont connue à travers les aventures de Ric Hochet.

[3] Avec la version 996, la 911 passe d'une mécanique refroidie à air à celle refroidie par eau.
[4] Cette évolution majeure permet à Porsche de faire perdurer le succès de son modèle vedette, également disponible en version turbo.
[5] Mais le cabriolet n'est pas absent, comme ce modèle du début des années 1990.

3

4

5

AE·1867

Un rêve et deux légendes

Henry Ford a créé la Ford Motor Company en 1908. Inventeur et créateur très prolifique, il tient son chef-d'œuvre avec sa nouvelle Ford T, premier standard de l'histoire de l'automobile.

Selon la formule consacrée, ce coupé quatre places mit « l'Amérique sur quatre roues », grâce notamment à sa robustesse qui n'avait d'égale que sa maniabilité, faisant de la T un moyen de locomotion parfaitement adapté à un réseau routier américain balbutiant. Devant le succès de son modèle, Henry Ford met en place une nouvelle organisation du travail appelée le fordisme, lui-même inspiré du taylorisme. La construction à la chaîne est née et, grâce à cette optimisation de la productivité, le temps d'assemblage d'une voiture passe de douze à un peu plus d'une heure !

La réussite commerciale de cette auto produite entre 1908 et 1927 est phénoménale, comme en attestent les 16 492 040 voitures produites. Après une passe difficile dans les années 1940, la Thunderbird, puis la horde des Mustang, permettent au constructeur de Detroit de se redresser. Imaginée par Lee Iacocca, la Mustang, née en 1964, se positionne sur le créneau des compactes sportives d'un gabarit proche des standards européens. Le succès est foudroyant, d'autant que l'interminable liste des options permet de se façonner la Mustang de son choix. Du simple citoyen à la star, tout le monde veut et peut s'acheter sa Mustang, symbole d'une Amérique en pleine croissance.

Mais c'est avec la GT40 que Henry Ford II, très attaché aux valeurs véhiculées par la compétition, réalise son rêve, gagner les Vingt-Quatre Heures du Mans, et cela devant Ferrari, qui n'a pas voulu se lier au géant américain. Après trois tentatives avortées, l'année 1966 est la bonne. Le pari est gagné, tout comme celui de commercialiser en version routière une partie des cent vingt-quatre GT40 produites.

Produite de 1908 à 1927, la Ford T reste la troisième voiture la plus vendue de l'histoire.

À cette époque, le marketing n'existe pas. Pourtant, avec sa Ford T, Henry Ford propose une automobile répondant exactement aux attentes du marché. Le succès est foudroyant.

Les multiples versions de la Ford T satisfont l'énorme demande rencontrée par le constructeur. Selon l'expression consacrée, c'est ainsi que Ford mit « l'Amérique sur quatre roues ».

D'allure frêle et haute
sur roues, la Ford T est pourtant
un modèle de robustesse
parfaitement adaptée à l'état
du réseau routier du début
du XXe siècle. Elle devient
le trait d'union entre
les campagnes
et les villes aux États-Unis.

Produite dix-neuf années durant, le modèle T évolue au cours des années, tandis que, grâce à son montage à la chaîne, son prix de vente ne cesse de baisser.

1

2

3

[1] Nous sommes en 1964, et c'est de la Ford Mustang que naît l'expression *pony car* pour désigner une nouvelle race de sportives compactes de grande diffusion.
[2] La Mustang est restylisée en 1971.
[3] à [5] Les lignes se sont un peu alourdies, mais certaines versions, comme ici la Mach 1, restent très attractives.

4

5

La Mustang est ici illustrée dans sa version Fastback, alors que l'on voit le tableau de bord typique des productions américaines de l'époque. Le principe nouveau de cette Ford imaginée par Lee Iacocca est, en partant d'une base de voiture produite en grande série, de pouvoir, grâce à une longue liste d'options, se façonner la Mustang de son choix.

YCX 286Y
FLORIDA
MUSTANG

1967

1966

Née de la volonté farouche de Henry Ford II de gagner les Vingt-Quatre Heures du Mans, voici la Ford GT40, fabuleux héritage laissé par le constructeur américain.

La GT40 étudiée conjointement en Angleterre et aux États-Unis remporte les Vingt-Quatre Heures du Mans de 1966 à 1969. Pour Ford, le pari de battre Ferrari est gagné ! Quelques très rares exemplaires sont vendus pour une utilisation « civile » et non sportive.

CVC 2T

[Cox, Mini, 2cv et fiat 500]

Les succès planétaires

Tout comme la Ford T évoquée précédemment, quatre autres modèles, issus de quatre pays différents, connaissent un succès autant qu'un destin exceptionnels. Quatre voitures adaptées à la demande de leur époque qui ont fait d'elles des icônes de la voiture populaire.

Compacte, solide et résolument modeste, la Volkswagen, ou « voiture du peuple », voulue par le régime nazi, est présentée en 1937. Son nom est KDF, pour *Kraft durch Freude*, c'est-à-dire « la force par la joie ». Il est vite remplacé par celui, plus poétique, de Coccinelle du fait de ses formes rondes. Son concepteur, Ferdinand Porsche, a vu juste et, malgré un contexte politique a priori défavorable, la petite Volkswagen bat le record de vente de la Ford T avec plus de vingt-deux millions d'exemplaires !

Privé de diffusion du fait de la Seconde Guerre mondiale, ce n'est qu'en 1948 que le visionnaire André Citroën peut présenter sa 2CV, voiture symbole au coût très peu élevé et donc formidablement adaptée à l'explosion du marché de l'automobile. L'accueil de la presse, devant l'austérité de la nouvelle venue, est réservé. Pourtant, ingénieuse et d'une robustesse à toute épreuve, la 2CV conquiert plus de cinq millions d'acheteurs au cours de ses quarante-deux années de production.

Minimaliste mais fonctionnelle, la Fiat 500 est la grande rivale de l'Austin Mini. Comme l'anglaise, elle présente une allure gaie et sympathique. Comme l'italienne, la Mini donne lieu à un nouveau concept de voitures économiques, petites à l'extérieur mais grandes à l'intérieur. Des idées bien utiles avec la crise du canal de Suez dans les années soixante, annonciatrice de futurs troubles pétroliers. Un demi-siècle plus tard, c'est une même *success story* qui s'offre à leur descendante de charme.

Étonnante histoire que celle de la 2CV Citroën présentée au public en 1948, mais en projet depuis 1935.

Voiture du peuple accessible au plus grand nombre, la Coccinelle devient aussi une vedette de cinéma dénommée « Choupette ».

Cette Volkswagen lancée
peu avant la Seconde Guerre mondiale
connaît un succès planétaire
et adopte plus tard son nom
de Coccinelle en raison de ses formes
arrondies et parfaitement
proportionnées.

1

[1] à [4] Plus de 21 millions d'exemplaires sortiront des chaînes de montage dans le monde entier.
[2] Le dernier exemplaire est produit au Mexique en 2003, laissant la place à la New Beetle.

2

3

Cette voiture
de taille moyenne
à l'époque peut
emmener
confortablement
quatre personnes et
leurs bagages grâce
au grand coffre
sous le capot avant.

4

De la classique KDF-Wagen
ou « Force par la joie »
à la Coccinelle cabriolet,
chacun trouve son compte
et réalise ses rêves
à bord de la « Cox ».

On reconnaît facilement le passage d'une Coccinelle dans la rue au bruit de son fameux quatre-cylindres à plat refroidi par air. Si certaines Coccinelles arborent un aspect un peu sportif, ce n'est toutefois pas la vocation première de ce modèle.

[Double page suivante] À chacun sa Coccinelle !

1938
1955

1965
VW 1976

Sa mission est de transporter quatre personnes à 60 km/h, et sa suspension doit être suffisamment confortable pour garder intact un panier d'œufs après un passage dans un champ labouré. Un sacré défi pour la 2CV !

Produite de 1948 à 1990, la 2CV n'évolue que très peu. Les premiers prototypes de celle que l'on appelait la TPV (Très Petite Voiture) sont élaborés en 1937.

1

[1] La présentation officielle de la 2CV a lieu en 1948.
[2] et [page de droite] Dévoreuse de grands espaces, synonyme de liberté, la 2CV existe même en quatre roues motrices. Aujourd'hui encore, nombreux sont les fans qui sillonnent la planète à son volant.

2

TOTAL
RTL
52
AIR AFRIQUE
TOTAL
RTL
2761-JQ78

1

2

3

4

[2] La Fiat 500 Giardiniera date de 1955.
[1], [3] et [4] Elle est l'ancêtre de la nouvelle 500, qui apparaît en 1957.

Celle que l'on appelle également « Topolino » (petite souris, en italien) propose quatre petites places et un petit moteur à air, le tout sur 297 cm de long.

1

[Page de gauche] Les adorables lignes de la Fiat 500 inspirent différentes versions.
[1] Le joli coupé Weinsberg date de 1957.
[2] Un break ou Giardiniera, dénommé aussi Belvédère, est également au catalogue.

2

Outre sa jolie ligne, la Fiat 500, du fait de son petit gabarit, a une très bonne tenue de route, faisant dire à certains qu'il est inutile de ralentir dans les virages à son volant !

Près de cinq millions d'exemplaires de la petite italienne sont vendus durant les vingt années de sa production, qui cesse en 1977.

Arrivée en 2001, la nouvelle Mini a parfaitement su prendre le relais de l'ancienne version, même si le concept s'est embourgeoisé.

Avec la Mini, Alec Issigonis produit une voiture parfaitement adaptée à l'urbanisation de nos pays dans les années 1960. Économique et jolie, la Mini est produite à plus de cinq millions d'exemplaires.

[1] à [3] Avant sa réapparition en 2001, notamment en version cabriolet, la Mini s'est muée en toutes sortes de modèles.
[4] et [5] La Cooper est une des plus fameuses grâce à ses succès en rallye.
[6] La Mini-Moke est, elle, construite à la demande de l'armée.

4

5

6

AA
LVB 793K

Les voitures cultes

L'automobile est, et a toujours été, un vecteur de rêve et de liberté. Certaines d'entre elles illustrent bien cette idée, non seulement en raison de leur succès commercial, mais aussi via l'impact qu'elles ont pu avoir dans notre société.

En ayant généré une nouvelle demande et de nouvelles habitudes automobiles, deux modèles Volkswagen, à l'antipode l'un de l'autre, en sont la parfaite démonstration. Le premier est le Combi, monospace avant l'heure reprenant le moteur de la Coccinelle. Il se décline en plusieurs versions allant du pur utilitaire au camping-car que l'on peut croiser sur les routes, avec, à bord, familles nombreuses ou groupes de surfers façon *peace and love*, chacun dans son style épris d'une certaine image de liberté. Le second est la Golf et plus particulièrement la « GTI ». Grâce à un moteur vitaminé et une présentation avenante, la GTI offre le goût et les couleurs de la course, préfigurant la mode du tuning.

Dans un tout autre style, le Land Rover imaginé sur la base de la Jeep a des fins essentiellement agricoles. Le rustique 4X4 anglais élargit vite sa zone de chalandise et connaît un succès tel dans le monde qu'il devient très vite le modèle le plus vendu de la gamme Rover, créant ainsi la mode des véhicules tout-terrain.

Autre voiture, autre bouleversement avec la Citroën DS, sorte d'ovni automobile apparu en 1955 et qui porte un rude coup à une concurrence devenue tout à coup d'un autre âge. Suspension et freins hydrauliques, ligne aérodynamique, tout n'est qu'audace avec la DS, souvent décrite comme la voiture du siècle.

Clin d'œil enfin avec la Rolls-Royce Silver Cloud, apanage de la haute société. Dans ce palace roulant, tout n'est que confort et plénitude. Mais à l'extérieur, la lutte des classes fait rage dans les années 1960, faisant passer sans transition la Silver Cloud de l'aristocratie automobile au délicieux anachronisme.

Avec la DS, Citroën réalise un des chefs-d'œuvre de l'industrie automobile.

1955, la nouvelle venue fait l'effet d'une bombe au Salon de Paris. Les lignes de la DS et sa technologie révolutionnaire la placent hors de portée de ses concurrentes. Elle est à la fois une voiture de rêve et devient un modèle de grande diffusion.

L'on se souvient que les DS ont à l'origine un toit blanc ou noir qui lui donne un caractère particulier. Avec la 2CV et la DS, Citroën propose dans les années 1950 et 1960 deux voitures cultes à son catalogue !

[1] La DS 23 à injection, fleuron de la gamme, fait de la DS une grande routière de prestige. [2] Dotées d'une excellente tenue de route avec leurs suspensions hydrauliques, les DS ont de bons résultats sportifs, notamment en rallye.

Autre innovation de la DS : sous les globes se cachent des phares directionnels qui s'orientent selon le braquage du volant.

Véritables « tapis roulants », les DS offrent aux passagers un confort remarquable dans un univers cossu et novateur.

Moins esthétique, le break offre toutefois un impressionnant volume de chargement.

[1], [3] et [4] C'est en 1948 que les premiers exemplaires de ce 4X4 légendaire sont délivrés. Dix ans plus tard, ce sont deux cent mille Land Rover qui auront été produits. La légende veut qu'aujourd'hui, 70% des Land fabriqués roulent encore !
[2] Loin du dépouillement de la version originelle, le Land Rover actuel est devenu un 4X4 de luxe.
[5] et [6] Incroyable vaisseau roulant, la Rolls-Royce Silver Cloud mesure 5,30 m de long et pèse plus de deux tonnes. La fabrication de ce monument réclame quatre mois. Tradition oblige, la puissance de son V8 ne fut jamais dévoilée.

5

6

C'est en 1950 et sur une base mécanique de Coccinelle, encore elle, que Volkswagen crée un grand utilitaire.

1

2

3

[2], [3] et [5]
En 1968, le Combi fait peau neuve et est proposé en version camping-car que l'on peut croiser sur toutes les routes du monde.

4

[1] et [4]
Les premières versions sont reconnaissables avec leur pare-brise coupé en deux d'où le nom de Combi Split, coupé en anglais.

5

[Ci-dessous] Deux ans après le lancement de sa Golf, Volkswagen invente la mode GTI. Il est pourtant prévu de ne produire que cinq mille exemplaires de ce modèle. Trente cinq ans plus tard, plus de 1,8 million de Golf GTI ont trouvé preneurs !

[1] et [2] Confort et modernisme obligent, la nouvelle Golf voit son poids s'accroître de près de cinq cents kilos. La mythique appellation GTI reste toutefois bien justifiée.

Ici dans sa cinquième version, la Golf GTI continue de faire valoir ses droits. Ceux d'une sportive compacte de grande qualité.

Plus incisive que les deux précédentes générations avec son moteur turbo de 200 CV, la Golf GTI V renoue vingt ans après avec la tradition de sportivité de son aînée.

THE SILVER GHOST

Soixante ans d'exception

La Rolls-Royce 40/50 HP naît en 1906, date de la fusion des entreprises de Charles Rolls et Henry Royce. Sans rival à l'époque, ce modèle de rêve au confort et à la fiabilité légendaires est à l'origine de la réputation d'excellence de la marque.

Cette noble mécanique et son moteur scellé et garanti à vie ont quant à eux participé à la création du mythe Rolls-Royce. La légendaire 40/50 HP n'est officiellement référencée Silver Ghost, ou fantôme d'argent, qu'à la fin de sa production, reprenant ainsi l'appellation d'un des exemplaires, un torpédo dit « Roi des Belges » qui devait son nom à son vernis couleur argent.

Cinquante-cinq ans plus tard, la Jaguar Type E et l'AC Cobra font elles aussi partie de ces machines d'exception qui ont magnifié l'automobile. En perte de vitesse, le petit constructeur anglais AC Cars cherche un moyen de redynamiser sa marque.

De l'autre côté de l'Atlantique, un ancien pilote, adepte de la démesure, cherche une base de voiture pour développer un engin surpuissant capable de tenir tête à tout ce qui roule sur la planète. Carroll Shelby et AC ne peuvent que s'entendre pour mettre au point l'une des voitures les plus « méchantes » de l'histoire. L'AC Cobra est née et ne cesse de revendiquer des performances de plus en plus élevées, le superlatif étant atteint avec la 427 et son énorme moteur de 7 litres de cylindrée donné pour 425 chevaux dans sa version civile.

Chez Jaguar, après le formidable succès de la XK120, c'est un même accueil enthousiaste qui est réservé à la type E. Mariant un look sensationnel avec son immense capot, un habitacle sportif et luxueux et des performances impressionnantes, la Type E se situe au niveau des Ferrari et des Aston-Martin vendues deux à trois fois plus cher ! Son succès perdurera pendant treize années.

Pièce d'orfèvrerie ou moteur ? Difficile de trancher avec la Rolls-Royce Silver Ghost !

Spirit of Ecstasy, le fameux emblème orne le bouchon de radiateur de la 40/50 HP devenue Silver Ghost : surnom de ce modèle unique, le treizième construit et doté d'une carrosserie de type Torpédo. C'est avec ce modèle de rêve que la légende des Rolls-Royce commence.

R·2365

R·2365

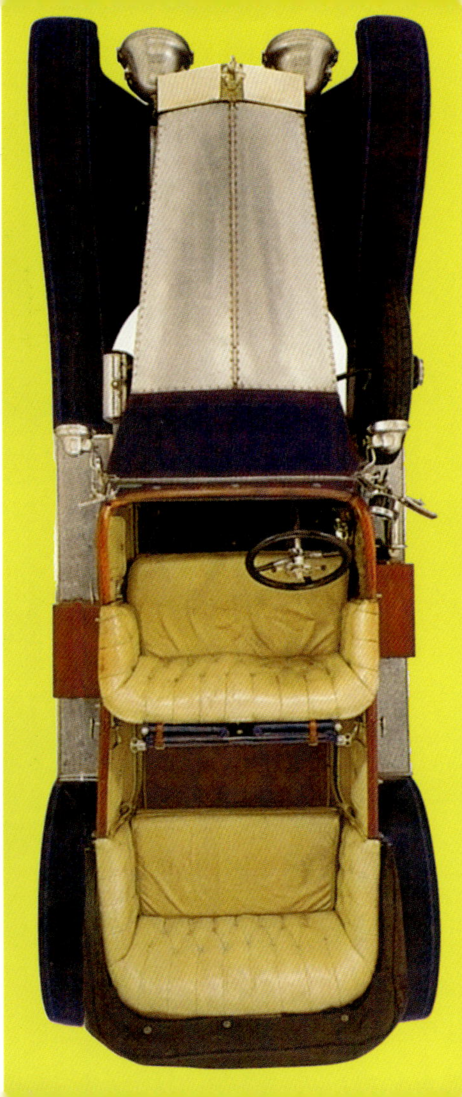

Née en même temps que
la marque, la 40/50 HP a pour
mission de s'attaquer au marché
des voitures de grand prestige.
Sa qualité de fabrication fixe
de nouveaux standards
à l'industrie automobile.

Cette superbe antiquité
automobile est toutefois
capable de dépasser
les 130 km/h, et remporte
à ce titre plusieurs compétitions.

AX 201

1

2 3

4

5

[2] et [3] Héritière de la Jaguar D victorieuse au Mans, la Type E en reprend partiellement les lignes très aérodynamiques. Le résultat esthétique en est superbe. L'impact auprès du public joue un grand rôle dans l'image de la marque.
[4] Sur les 72 520 exemplaires construits, les coupés représentent un peu plus de la moitié de la production.
[1] et [5] Les Américains sont très friands, quant à eux, du cabriolet.

[1] à [3] Prenez une séduisante AC, joli coupé sportif britannique, confiez-la à un Américain amateur de chevaux-vapeur, voilà l'AC Cobra !

Célèbre pilote texan, Carroll Shelby va profondément body-builder l'AC pour en faire un monstre de performance.

C'est sans doute au chausse-pied que ses géniteurs parviennent à installer l'énorme Ford V8 de 4,7 litres puis de 7 litres de cylindrée sous le capot de l'AC !

Prendre le volant d'une AC Cobra s'apparente autant à du dressage qu'à du pilotage. En 1967, elle abat le 0 à 100 km/h en 4,2 secondes !

HF NA 12

GTM 700F

GTM 700F

L'intérieur reste assez basique avec les traditionnels compteurs. Mais attention, le conducteur de la Cobra ne doit pas être trop distrait pour pouvoir dominer la « bête ».

LB-AV 225

Les stars allemandes

Il existe certains modèles qui ont très profondément influencé l'histoire et aussi la perception que le public a d'une marque, comme c'est le cas de la 300 SL avec Mercedes et de la 911 pour Porsche.

C'est un agent Daimler-Benz aux États-Unis, Max Hoffman, qui ressent le besoin de redynamiser l'image de la marque allemande avec la création de deux modèles. L'une, la 190 SL, est confortable et solide, la seconde, baptisée 300 SL, est sportive et issue des modèles de course.

L'usine de Stuttgart se laisse convaincre, et en 1954, au Salon de New York, est présenté ce concentré du savoir-faire Mercedes. Inspirée du modèle vainqueur au Mans en 1952, la 300 SL (*Sport Leicht*, ou sport légère) en conserve ses portes papillons imposées par l'architecture de ce modèle à châssis tubulaire. Extrêmement performante avec son nouveau moteur à injection et son aérodynamique soignée, la 300 SL relégue ses concurrentes au rang de figurantes.

Mercedes, de son côté, vient de faire un éclatant retour au premier plan de l'industrie automobile en présentant ainsi la première voiture de sport allemande depuis la guerre. Succédant en 1963 à une voiture de caractère comme la 356, la 911 marque un tournant décisif dans la saga Porsche. L'histoire commence pourtant de manière cahotique, la nouvelle Porsche, dénommée 901, devant renoncer à cette appellation à la demande de Peugeot qui détient les droits du « zéro » suivant la centaine.

Une péripétie qui n'empêche pas celle qui s'appelle désormais 911 de devenir à la fois un mythe, et quasiment la seule rivale des reines de la tradition italienne du Grand Tourisme. Son design bicorps signé Ferdinand « Butzy » Porsche fait date et propulse la 911 au rang de voiture de sport la plus vendue, ses différentes versions et évolutions lui garantissant, plus de cinquante ans après, un succès jamais démenti.

Icône de la voiture de sport, la Porsche 911 est indémodable.

2

1

[1] à [6] et [double page suivante] C'est la victoire au Mans de Mercedes en 1952 qui inspire la conception de la merveilleuse 300SL dotée de ses fameuses portes papillons. Après les ravages de la guerre, la 300SL est une superbe affirmation du retour de Mercedes sur le devant de la scène automobile. L'aérodynamique très soignée en fait une voiture en avance sur son temps.

3

4

5

Les seuils de porte très hauts de la 300 SL obligent Mercedes à adopter les portes papillons. On remarque le magnifique tableau de bord peint et chromé, qui est une invitation au pilotage.

Dans la lignée des fameuses Carrera et Speedster, la 911 se décline en une multitude de versions, toutes extrêmement désirables. Sans heurter les puristes de la marque, Porsche a su faire évoluer son modèle de légende.

JMH 53K

Le rêve à l'italienne

Fille de la course, la Ferrari 250 GTO illustre l'habileté politique d'Enzo Ferrari, soucieux de faire briller les couleurs de sa marque dans le nouveau championnat du monde des voitures Sport.

Ferrari parvient à faire passer l'homologation de la GTO (*Gran Turismo Omologato*) sur la base de la 250 GT SWB construite, elle, à la quantité requise, soit plus de cent exemplaires. La nouvelle Ferrari n'a pas grand-chose à voir avec la 250 GT, mais la fédération voulut bien fermer les yeux. La ligne superbe imaginée par Giotto Bizarrini et sculptée sur les indications de la soufflerie de Pise confère à la GTO une grande efficacité aérodynamique, tandis que le brillant V12 de 2 958 chevaux hérité de la Testa Rossa se charge de propulser la GTO à plus de 280 km/h.

Produite à trente-neuf exemplaires entre 1962 et 1964, la nouvelle arme de la scuderia Ferrari remporte trois titres mondiaux qui font d'elle le porte-drapeau du mythe Ferrari et, aujourd'hui, un joyau inestimable. Deux ans plus tard, nous sommes en 1966 et, Taureau contre Cheval cabré, c'est, par logos interposés, l'affiche du moment !

Trois ans après la création de sa marque, Ferruccio Lamborghini réussit l'exploit de venir chasser sur les terres de Ferrari avec sa superbe Miura. Pour elle, ses créateurs que furent Gandhini et Dallara choisissent ce qu'il y a de mieux en adoptant par exemple le choix du moteur en position centrale, solution jusqu'ici exclusivement réservée à la course. Au son strident de son V12, elle offre des performances spectaculaires pour l'époque en accélérant de 0 à 100 km/h en 6,5 secondes.

Avec sa Miura produite à 763 exemplaires entre 1966 et 1971, Lamborghini, riche industriel italien spécialisé dans la production de tracteurs, tient sa revanche face à Enzo Ferrari qui l'avait pris de haut lorsque le premier nommé avait émis des critiques sur sa Ferrari personnelle !

Superstar des années 1960, la Ferrari GTO est aujourd'hui la voiture la plus recherchée.

Enzo Ferrari vivait avant tout pour la course. La GTO est conçue dans cet objectif. Elle remporte le Championnat du monde des marques à trois reprises.

La 250 GTO est le chef-d'œuvre de Ferrari. Son statut est aujourd'hui celui d'un monstre sacré, d'une valeur quasi inestimable.

Trente-neuf exemplaires, dont la moitié en 1962, sont produits. Aérodynamique très travaillée en soufflerie et envoûtant V12 de 300 CV, rien n'est laissé au hasard lors de la conception de la Ferrari 250 GTO.

Sans passé, avec comme seule expérience la production de tracteurs, Ferruccio Lamborghini crée une formidable lignée de voitures de rêve, dont la fameuse Miura qui fait trembler Ferrari.

Lamborghini ne lésine pas sur les moyens pour concevoir la Miura.
Les meilleurs ingénieurs châssis et moteur se penchent sur le projet. Malgré une situation économique défavorable à la fin des années 1960, le succès commercial est au rendez-vous.

VIPER GTS

LE RÊVE AMÉRICAIN

Sous le signe du T

En fondant en 1903 la Ford Motor Company, devenue depuis le troisième constructeur mondial, Henry Ford incarne le rêve américain. Parfait *self-made man*, il fourmille d'idées et, en cinq ans, conçoit dix-neuf modèles différents.

Le succès vient en 1908 avec la Ford T. Elle est produite à plus de seize millions d'exemplaires dans le monde, la demande dépassant parfois l'offre, ce qui permet à Ford de ne pas avoir besoin de recourir à la publicité entre 1917 et 1923. Des sites de production s'ouvrent dans le monde entier, tandis que Ford rachète la marque haut de gamme Lincoln en 1922, avec bientôt au catalogue de fameux modèles comme la Zephyr ou la Continental. La Ford A succède à la glorieuse T en 1927, alors qu'en 1932 Ford est le premier constructeur à commercialiser un moteur V8.

Les années 1940 sont difficiles pour le groupe avec la mort d'Edsel Ford, qui oblige Henry à revenir aux affaires. Entre renouvellement de la gamme et décentralisation de la production, Henry Ford II, petit-fils du fondateur arrive aux affaires en 1945, remet la marque sur de bons rails. L'arrivée de la superbe Thunderbird, grande rivale de la Chevrolet Corvette, est un premier signe de redressement. Il se poursuit avec l'arrivée de la géniale Mustang en 1964, qui se vend à six millions d'unités.

Étendard de la marque en compétition, un domaine qui tenait à cœur à Henry Ford, la GT40 parvient à faire trébucher la scuderia Ferrari au Mans, au bénéfice de l'image de la marque de Detroit. En Formule 1, le nom Ford brille aussi avec le fantastique moteur Ford Cosworth V8 qui équipe la quasi-totalité du plateau depuis la fin des années 1960 jusqu'au début des années 1980, avec à la clé cent soixante-seize victoires en Grand Prix. Après avoir fait l'acquisition de nombreuses marques comme Jaguar et Aston-Martin, le groupe ne détient plus aujourd'hui que Ford et Lincoln.

Symbole des années 1950 pour Ford, la Thunderbird a évité les excès de style de l'époque aux États-Unis.

La Ford T a tout inventé ou presque. C'est en tout cas elle qui démocratise l'automobile et promeut de nouveaux principes de production tels que le travail à la chaîne.

C’est avec la Mustang, en 1964, que la firme Ford commence son redressement.

C'est en 1922 que Ford fait l'acquisition de la firme Lincoln, réputée pour ses modèles très haut de gamme.

En lançant la Lincoln Zephyr en 1936, le groupe Ford crée une rupture dans l'histoire de la marque jusqu'ici cantonnée dans les voitures de prestige. Dotée de nombreux éléments en provenance de Ford, la Zephyr doit convaincre un plus large public.

Moins élitiste que ses aînées, la Lincoln Zephyr reste toutefois une élégante voiture haut de gamme, notamment ici avec ce coupé et ses quatre portes s’ouvrant en opposition.

C'est avec la Zephyr que le groupe Ford, dirigé par Edsel Ford,
fils de Henry, en vient aux lois de l'aérodynamisme.
Le design des voitures du groupe en est, à partir de ce moment, inspiré.

KRV IP

Rivale de la Chevrolet Corvette, la Ford Thunderbird deux places devance nettement celle-ci au niveau des ventes entre 1955 et 1957.

[1], [2], [4] et [5]
Le bossage sur le capot de la T-Bird cache un volumineux et vorace carburateur quadruple corps.

[3] et [6] Changement de cap en 1958. La T-Bird peut maintenant accueillir quatre personnes à son bord. Le nouveau modèle gagne en taille, mais aussi beaucoup en poids.

1

2

3

4

5

6

[1] et [2] Si Ford tente de faire perdurer le mythe de la Mustang avec des modèles récents, impossible d'oublier l'originale des années 1960.

[3] à [6] Le modèle des années 1960, ici un peu « customisé » : cela va bien au look de cette voiture que le catalogue d'options permet de transformer à sa guise.

Missionnée pour remporter
les Vingt-Quatre Heures
du Mans, la Ford GT40 est aussi
une des plus sublimes GT jamais
construites. Très rare, elle
sert de base à une multitude
de copies plus ou moins fidèles.

La troisième force

L'histoire du groupe Chrysler, le troisième en importance de l'automobile américaine après General Motors et Ford, est d'abord celle de Walter Percy Chrysler, fils de fermiers du Kansas, passé de simple mécano à directeur de Buick, puis numéro deux de GM, avant de fonder sa propre marque au début des années 1920.

Contrairement à son rival Ford, le groupe Chrysler ne produit que peu de voitures de rêve, se contentant surtout d'une production de masse composée de véhicules spacieux et utilitaires. La Chrysler Imperial en 1926, et surtout la très novatrice Airflow de 1934, démontrent le savoir-faire de la marque, l'Airflow ne connaissant à l'époque qu'un succès mitigé.

En 1928, Chrysler rachète la firme des frères John et Horace Dodge, eux-mêmes anciens actionnaires de Ford. C'est sous cette enseigne que le groupe Chrysler propose ses produits les plus pimentés. On se souvient de la Dodge Charger, un coupé au look agressif avec sa calandre masquant les phares escamotables, et son terrible V8 Big Block de plus de 7 000 chevaux équipant les modèles les plus furieux, de quoi rendre folles les brigades motorisées d'Outre-Atlantique. Ambiance aussi à l'intérieur, avec son levier de vitesses en forme de crosse de pistolet...

Au début des années 1990, l'objectif d'accommoder un moteur de camion dans un coupé sportif est atteint. La Dodge Viper RT10, dénommée Chrysler Viper en Europe, et son V10 au couple phénoménal sont nés. Une kyrielle de victoires en catégorie Grand Tourisme sanctionnera cette union hors normes.

Pris dans la tourmente de la crise de 2008, Chrysler sera soutenu par l'État américain en 2009 tandis que Fiat rentre dans le capital du géant de Detroit.

Fleuron du groupe Chrysler soucieux de créer une marque haut de gamme, cette luxueuse limousine de 1956 aurait dû ne porter que le nom d'Imperial. Hélas pour le marketing du groupe, le public continua de l'appeler Chrysler Imperial !

La Chrysler Airflow était-elle trop en avance sur son temps ? C'est probable, car cette voiture novatrice sur bien des points ne connaît qu'un succès mitigé lors de son existence, débutée en 1934. La faute sans doute à une fiabilité mal maîtrisée au lancement du modèle.

Voiture raffinée, l'Airflow sait dorloter ses passagers. Elle dispose en effet d'une ventilation, tandis que la banquette arrière est en avant de l'essieu, rendant ces places enfin confortables.

L'expression de *muscle car* prend ici toute sa valeur avec la Dodge Charger R/T.

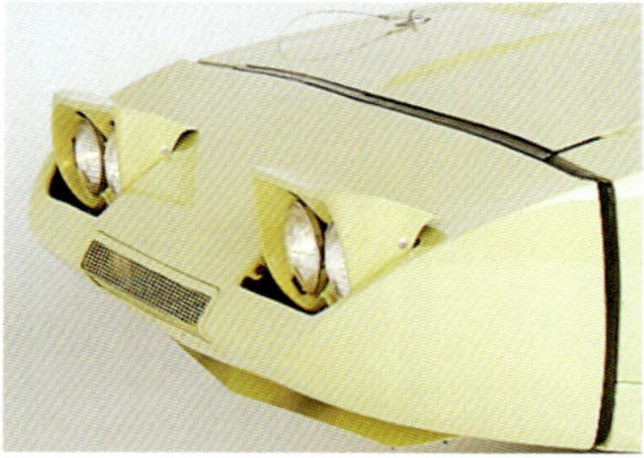

Cette Charger deuxième du nom est en effet une des plus rapides berlines de son temps. L'essence n'est alors pas chère aux États-Unis et seule la puissance et la cylindrée comptent aux yeux des Américains. Avec les 375 chevaux de la Charger, ici dans sa version Daytona, ils sont servis !

Spectaculaire dans ses lignes, la Charger en rajoute avec la Daytona. Soucieux de concurrencer Ford dans les courses de berlines type Nascar, Dodge homologue cette version très spéciale, à l'avant et l'arrière modifiés pour des raisons aérodynamiques.

L'immense aileron arrière a la particularité d'émettre une certaine sonorité à haute vitesse, renforçant ainsi l'ivresse des sensations !

Un V10 dans un coupé
sportif. Il faut oser,
Dodge le fait sur sa Viper.

Chrysler
24 HEURES DU MANS 98
53
Mobil 1
Mopar
PERFORMANCE

La Viper, vendue sous le nom de Chrysler à ses débuts en Europe, n'est pas simplement un exercice de style. C'est aussi une excellente sportive au palmarès royal dans la catégorie Grand Tourisme.

Au grand méchant look du coupé s'ajoute celui plus calme du roadster. Sous le capot, par contre, toujours la même débauche de puissance !

Rêve de grandeur

Au bord de la faillite début 2009, le groupe General Motors a dû se résoudre à se séparer de Saab et à cesser l'activité de Pontiac et Hummer. Repartie du bon pied en 2010, l'histoire de GM reste jalonnée des plus belles voitures de rêve américaines.

Dès 1909, le groupe, qui compte déjà dans ses rangs les marques Buick et Oldsmobile, achète le constructeur Oakland, qui devient bientôt Pontiac. Dans la foulée, Cadillac, qui a pour devise « Notre credo est la perfection, notre règle la précision », tombe dans l'escarcelle GM. Puis, en 1917, c'est Chevrolet qui fait son entrée dans la tentaculaire holding.

Positionnées en haut de la gamme, les Cadillac sont depuis toujours les concurrentes des Lincoln du groupe Ford. La plus démesurée d'entre elles est sans conteste l'Eldorado convertible. Avec ses 6,10 m de long, ses 2 tonnes de tôle et de chrome, ses ailerons gigantesques et ses 35 litres aux 100 kilomètres engloutis par le monstrueux V8 de 6,3 litres niché sous un capot « grand comme le Texas », la Cadillac 59 Eldorado représente le summum de l'*American way of life*.

L'autre modèle cher aux yeux des fans de belles américaines est bien sûr la Chevrolet Corvette qui, depuis 1953, n'en finit pas de raviver la flamme sous ses multiples évolutions. Dans un autre registre, la Buick Roadmaster 1951 est elle aussi devenue l'emblème de l'Amérique, l'image du futur, celle d'un luxueux cabriolet aux allures de yacht capable de pousser très fort. La Pontiac GTO enfin marque aussi son époque.

Construite malgré l'interdiction du groupe de produire des voitures de haute performance, la GTO connaît un vif succès auprès des amateurs de sensations fortes et de gros V8 bourrés de chevaux. Elle reste finalement sept années au catalogue, de 1964 à 1971 !

Dans la galaxie General Motors, charge à Cadillac de défendre les couleurs du groupe dans le segment du luxe. La Cadillac V16 de 1937 s'acquitte parfaitement de sa tâche.

Lancée en pleine crise économique de la fin des années 1920 et du début des années 1930, la Cadillac V16 est à l'époque un défi à la raison. La réputation de la marque et le parfait niveau de finition de la V16 convainquent pourtant de nombreux, et fortunés amateurs.

CALIFORNIA

C’est en 1953 que la première série des Cadillac Eldorado arrive sur le marché. Son retentissement est énorme.

La publicité dit de l'Eldorado qu'elle est « une voiture à part, même chez Cadillac ». En 1954, Cadillac divise par deux le prix de vente, et les clients se ruent sur la belle.

Dans la famille des Cadillac Eldorado, la version Brougham tient une place à part. *Dream car* est réservée à une élite d'amateurs de voitures d'exception. Son design, inspiré des constructions aéronautiques, lui est propre. La Brougham est en effet plus courte que l'Eldorado classique, et on note l'effet de style de l'habitacle dépourvu de montant de portes en son milieu.

En 1946, la Buick Roadmaster est promue au rang de modèle haut de gamme. Son design majestueux fait merveille, notamment avec la version cabriolet qui reste un des « musts » de la marque.

1

2

3

[1] et [2] Le restylage de 1956 a un effet extrêmement bénéfique sur les ventes, puisque la Chevrolet Corvette devient la voiture de sport américaine qui fait rêver le monde entier.
[3] La Sting Ray de 1963 connaît également un fort succès.

4

[Ci-dessous], [4] et [double page suivante] Apparue en 1953, la Chevrolet Corvette a fort à faire avec sa rivale la Ford Thunderbird.

En construisant sa Corvette, Chevrolet, propriété de General Motors depuis 1919, réalise sa première voiture de sport. Autre innovation avec la Corvette, sa carrosserie en fibre de verre, qui lui permet d'être assez légère.

[1] En 1963, la Corvette Sting Ray inaugure un style différent et audacieux. [2] Ici en version coupé Fastback, la Corvette présente une ligne très intéressante.

PONTIAC

La décision de General Motors est formelle : pas de voitures hautes performances dans le groupe. L'obstacle est contourné en montant le plus gros moteur disponible dans un modèle de milieu de gamme, la Tempest. L'option GTO est née.

Une clientèle jeune donne raison aux concepteurs de la GTO, qui, très vite, connaît un beau succès commercial. En 1964, il se vend six fois plus de Tempest GTO que prévu !

La version cabriolet dispose d'une capote manœuvrable électriquement. Les amateurs de sport lui préférèrent le coupé.

1

2

3

[1] à [4] La GTO dispose de ce qu'il y a de plus puissant dans la gamme. Grâce à une batterie de filtres à air, la cylindrée peut aller de 5,3 à 7,4 litres.

4

[5] En 1972, la GTO est une des options de la gamme Le Mans, avant de disparaître en 1974.

5

Le rêve disparu

Symboles de la splendeur passée d'une production d'un autre âge, toutes plus ou moins victimes de la crise de 1929, ces marques très haut de gamme ont laissé au patrimoine automobile quelques-unes des plus belles réalisations de son histoire, tant sur le plan de la qualité et du luxe de leur fabrication que des avancées technologiques.

Stutz, tout d'abord, s'illustre si bien aux 500 Miles d'Indianapolis que la petite firme décide de créer la Bearcat destinée aux sportifs purs et durs. Très impliquée en compétition, la marque réalise par la suite d'autres modèles intéressants avant de s'éteindre en 1934. Duesenberg, ensuite, rivalise avec les meilleures productions européennes, notamment à travers le merveilleux modèle J, aussi performant qu'une voiture de course, mais fiable et confortable comme les plus luxueuses limousines du moment.

Les Duesenberg deviennent très vite les voitures des grands de ce monde avant de disparaître dans les années 1930. James Packard quant à lui, furieux de voir l'automobile qu'il venait d'acheter tomber en panne, fonde en 1899 sa propre marque. Jusqu'à sa disparition en 1956, Packard ne produit qu'un peu plus d'un million et demi d'automobiles, mais toutes de grand luxe.

Présidant les destinées d'Auburn et Duesenberg, Errett Lobban Cord décide en 1929 de créer sa propre marque. La Cord L29 inaugurée en 1929 en est le fruit et dispose d'un mode de propulsion inédit pour l'époque, la traction avant.

Nous sommes à présent en 1935, la marque Auburn se meurt, mais la spectaculaire et splendide Speedster est son bouquet final. Une série de records attestent également de ses performances hors du commun.

Packard, dont on voit ici la Twin Six, est parmi tant d'autres une des victimes des troubles économiques des années 1930.

Après son exploit aux 500 Miles d'Indianapolis, Stutz a le culot de commercialiser sa Bearcat, voiture sans compromis, quasiment sans carrosserie ni confort, mais dotée d'un gros moteur !

Fidèle à la philosophie des Speedsters, la Bearcat est extrêmement dépouillée. Atteindre les 129 km/h en 1913 est à ce prix !

1

2

3

[1], [2], [4] et [5] La Bearcat est directement inspirée de la course.
[3] Stutz construit d'autres voitures d'exception telles que ce modèle de la fin des années 1920.

Pebble Beach Concours d'Elegance
159·950

1

2

Pebble Beach Concours d'Elegance

3

Les Pierce-Arrow et les Cord sont parmi les voitures les plus réputées de la production automobile américaine. [1] et [2] Ici une Pierce-Arrow modèle 51 de 1919, et une 836 Coupé.

[3] et [4] La Cord de 1929 est la première traction avant fabriquée. [5] La Cord 812 de 1937 clôture l'histoire de la marque.

La splendide Speedster naît de l'association entre Cord et Auburn en 1928. Mais c'est surtout en 1935 que la Speedster prend toute sa valeur, grâce à l'apport du maître styliste Gordon Behrig et d'un moteur huit cylindres de 150 CV.

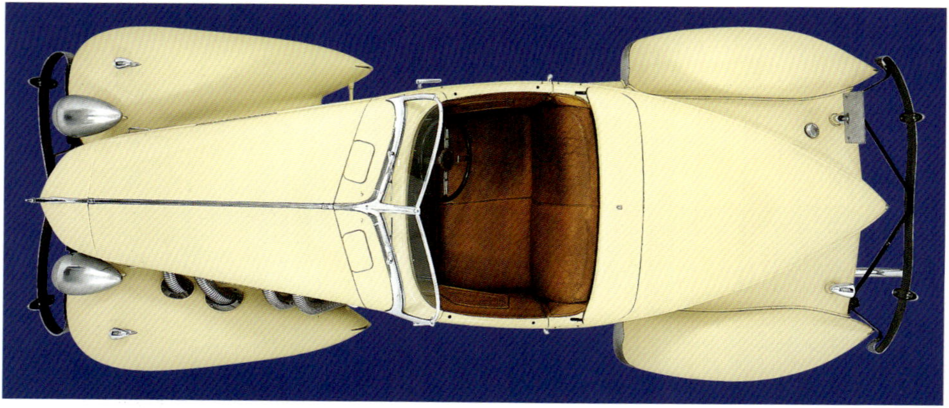

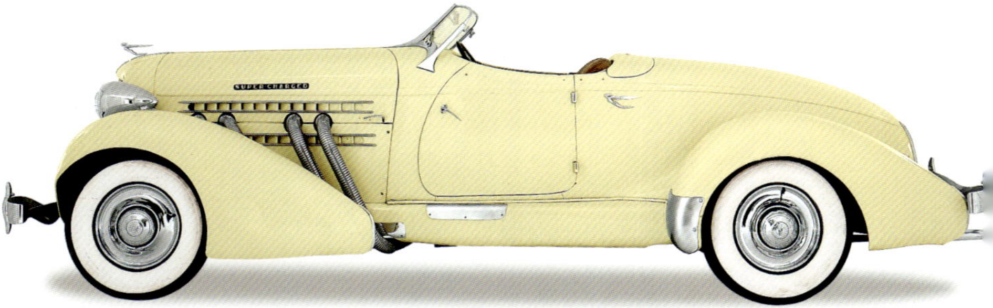

Merveille de style, l'Auburn Speedster offre un design très moderne avec le radiateur incliné.

Elle ne sauve malheureusement pas la marque de la faillite, prononcée en 1938.

C'est en 1912 que les frères Duesenberg créent la marque éponyme.
Après la fabrication de moteurs marins, c'est vers l'automobile
qu'ils se tournent en s'installant en 1918 à Indianapolis, un signe !
Malgré l'image d'excellence de la marque et ses succès en compétition,
Duesenberg est intégrée au groupe Cord en 1926.
C'est trois ans plus tard que sort le fameux modèle J.

Avec son gigantesque huit-cylindres de 6,9 litres de cylindrée développant 265 chevaux, la Duesenberg modèle J est peut-être la plus spectaculaire voiture de prestige d'avant-guerre.

Prisée par la jet-set, la J est la voiture que l'on se doit de posséder à l'époque.

À bord de l'étroit fuselage de la J, l'espace est compté, mais le magnifique tableau de bord délivre de nombreuses informations.

Comme pour Auburn et Cord, la belle aventure cesse en 1937.

Très en vogue avant-guerre, la marque perd peu à peu de son aura par la suite, malgré la sortie de la luxueuse Caribbean Convertible en 1953.

Depuis 1929, seules des mécaniques V8 ou V12 respirent sous le capot des belles Packard.

Selon la cylindrée
allant de 5,4 litres
à 5,9 litres,
la puissance passe
de 180 à 212 chevaux.

Le niveau des ventes étant en baisse, Packard fusionne avec Studebaker en 1954, un an avant la sortie de la nouvelle Caribbean Convertible.

LE CHARME OPÈRE TOUJOURS

M UH 4315

Le Grand Tourisme

Les deux chocs pétroliers ressentis au cours des années 1970 ont fait craindre le pire au marché des voitures sportives et de grand tourisme. Avec le quadruplement du prix du carburant en 1973 et son doublement en 1979, il y a effectivement péril en la demeure.

Seuls les plus solides, comme Ferrari et surtout Porsche, vont surmonter cette crise sans trop de dégâts. L'éclaircie survient au milieu des années 1980, bien aidée en cela par l'effet GTI. La mode est à la vitesse, et chaque constructeur généraliste, comme Volkswagen avec la Golf, Peugeot avec la 205 ou Renault avec la Supercinq, communique largement sur cet argument.

La psychose de la pénurie pétrolière s'est éloignée, la porte est de nouveau ouverte au rêve automobile, avec cependant de nouvelles et drastiques normes antipollution qui obligent les constructeurs à soigner particulièrement leurs copies sur ce thème. La mèche se rallume notamment avec la Ferrari F40 célébrant les quarante ans de la marque en 1987. Quatre cent voitures doivent être produites, mais 1 311 le seront finalement.

La course à la puissance et aux performances est dorénavant relancée. La Bugatti EB110 célèbre le réveil de la marque, en attendant la future Veyron. Huit ans après la superbe MacLaren F1 GTR, c'est la Mercedes SLR qui sort des ateliers de l'équipe de F1. C'est aussi la période du grand réveil pour Aston-Martin et sa DB9, pour Maserati également, qui après sa 3200 GT contre-attaque avec la démoniaque MC12, comme Bentley et son magnifique vaisseau roulant, la Continental GT. Lamborghini n'est pas en reste avec la Murcielago, Chevrolet non plus avec la énième version de sa mythique Corvette, la C6. Ford remet au goût du jour sa GT et sa Mustang GT.

Au rayon de l'automobile de rêve, abondance de biens ne nuit pas forcément !

Qui a dit que notre société est autophobe ?
Avec sa série 6 cabriolet, BMW soigne efficacement la morosité !

[1] à [3]
Avec la fantastique DB9, on renoue avec le meilleur d'Aston-Martin.

1

2

3

4

5

6

7

[4] à [7] Avec sa Continental GT, Bentley fait revivre les meilleures heures de la marque. Une nouvelle ère pour le constructeur qui souhaite donner une note technologique à sa dernière réalisation en la dotant de quatre roues motrices.

[3] et [4] La BMW Z3, montre la voie, que ce soit en version coupé ou cabriolet, la fameuse Z3M restant particulièrement chère au cœur des fans de la marque.

[1], [2] et [ci-dessous] Présenté en 2004, trois mois après le coupé, le cabriolet série 6 affiche ses formes élégantes. Son moteur est un V8 de 4,4 litres de cylindrée développant 333 CV.

BUGATTI
18·4 EB 67

La gestation fut lente et difficile
pour tenir le cahier des charges de la Bugatti Veyron.
Pensez-donc : 16 cylindres, 4 turbos, 1001 CV,
400 km/h, qui dit mieux ?

Fruit de la collaboration entre le constructeur de Formule 1 McLaren et Mercedes, voici la SLR. Inspirée de la technologie et du design de la Formule 1 avec sa coque en carbone et sa boîte de vitesses robotisée, la SLR et ses 620 CV font partie du cercle très fermé des *supercars* du moment.

On ne change pas les bonnes recettes. Celle de la Chevrolet Corvette est toujours aussi épicée, tant mieux !

COMPUWARE
Mobil 1
AN AMERICAN REVOLUTION
GMAC

CORVETTE
GMAC
GMAC
Mobil 1
COMPUWARE
MOTOROLA

[Double page précédente] et [1] à [4] Sixième de la génération des Corvettes, la C6 vient chatouiller les meilleures GT européennes, notamment dans sa version la plus musclée, la Zo6.

1

2

3

4

La Corvette ne fait pas non plus dans le détail en course, avec trois succès de rang dans la catégorie Grand Tourisme aux Vingt-Quatre Heures du Mans.

Comme aux grandes heures du duel commercial Ferrari/Lamborghini, la marque italienne lance en 2001 la Murcielago.

Le V12 de la belle italienne bénéficie de toutes les solutions modernes. La bombe transalpine le prouve en abattant le 0 à 100 km/h en 3,8 secondes.

Sachez que cinquante MC12 seulement on été produites !

Sa cousine est la Ferrari Enzo, dont elle a repris le moteur. Fabriquée pour la compétition dans une coque carbone, la MC12 excelle en GT mais est interdite au Mans pour des questions de réglementation.

Tendance 4X4

Comment les GI's ballottés au rythme des coups de raquette des ressorts à lame de leurs Jeep Willys de la Seconde Guerre mondiale auraient-ils pu prédire que, plus tard, les véhicules tout-terrain seraient un jour un des créneaux à la mode dans l'industrie automobile !

Élaborées essentiellement dans le cadre d'une utilisation militaire, les voitures à quatre roues motrices vont se développer après-guerre dans le domaine civil pour des usages spécifiquement tout-terrain, notamment en montagne, mais aussi dans les pays en voie de développement dont le réseau routier comprend de nombreuses pistes dégradées. C'est dans ces conditions que les Land Rover et autres Toyota Land Cruiser se taillent une solide réputation de robustesse, voire d'indestructibilité.

Historiquement, on peut estimer que c'est le Range Rover qui a lancé le mouvement du 4X4 de loisir et de luxe. Cette tendance se développe d'abord aux États-Unis sous le nom de SUV (*Sport Utility Vehicle*) avant de conquérir l'Europe dans les années 1990. Deux courants se dessinent alors, d'un côté les tout-terrain compacts avec en chef de file le RAV4 de Toyota, de l'autre les 4X4 de luxe. Il s'agit ici de faire beau et imposant, comme le sont le BMW X5, le Mercedes ML, l'indétrônable Range Rover ou l'immense Hummer.

Porsche en quête de nouveaux horizons se laisse aussi tenter en produisant le Cayenne, premier 4X4 à proposer des performances de berline sportive. Le succès est au rendez-vous, le segment SUV étant celui en plus forte progression en Europe. Une volonté de rouler « différent », un parfum de liberté et de conquête de grands espaces évoqué par les courses tout-terrain, tel le Paris-Dakar, expliquent ce phénomène, tout comme le durcissement de la répression routière, qui incite à acheter des véhicules différents et imposants plutôt que rapides.

4x4 tendance guerre des étoiles avec ce concept-car H3T signé Hummer.

Après Mercedes,
BMW, constructeur
généraliste,
s' investit dans
le segment des
4X4 routiers
en lançant son X5.

D'un comportement
proche de celui
d'une berline,
le BMW X5 séduit
une clientèle
attirée par
la possibilité de
rouler « différent ».

Pionnier des 4X4 de luxe, le range Rover a fêté ses 40 ans et reste aujourd'hui une valeur sûre.

C'est lors de la guerre du Golfe que l'on découvre les Hummer, immenses 4X4 utilisés par l'armée américaine. Si sa taille n'a d'égale que sa consommation, l'espace intérieur est assez réduit du fait de la place prise au centre par le tunnel de transmission d'un mètre de large !

Le Hummer H2 est le premier modèle conçu sous l'égide de General Motors, nouveau propriétaire de Hummer. Il est aussi le premier véhicule civil après le H1 réservé à l'armée. Démesure au programme avec une largeur de 2,06 m, un V8 de six litres et un poids de trois tonnes !

1

2

3

[1] et [3] Après le H3 et son gabarit plus dans la norme, voici le concept H3T décliné en pick-up, tendant à prouver que le constructeur américain cherche à élargir sa gamme.

[2] et [ci-dessous] Malgré une déclinaison ici en version hydrogène, le Hummer ne s'avèrera plus en phase avec les attentes du marché, contraignant la maison-mère General Motors à cesser la production de cet extravagant 4X4 en 2010.

Le 4X4 est une tradition chez Mercedes qui, depuis 1997, propose dans la série ML un tel modèle.

Efficace mais rustique, le G ne répond plus tout à fait au désir d'une nouvelle clientèle demandant plus de confort que de capacité de franchissement. Aussi Mercedes met sur le marché le ML.

PRO-5

S OF 3195

En élaborant en 1997 le ML, le constructeur allemand croit le premier au développement du 4X4 routier haut de gamme. Le succès commercial est effectivement tout de suite au rendez-vous, malgré un prix de vente assez élevé.

Sérieusement ébranlé
par l'arrivée de nouveaux
modèles concurrents,
le Mercedes ML fait peau neuve
en 2005. Sa finition
et ses prestations sont dignes
des plus grandes routières.

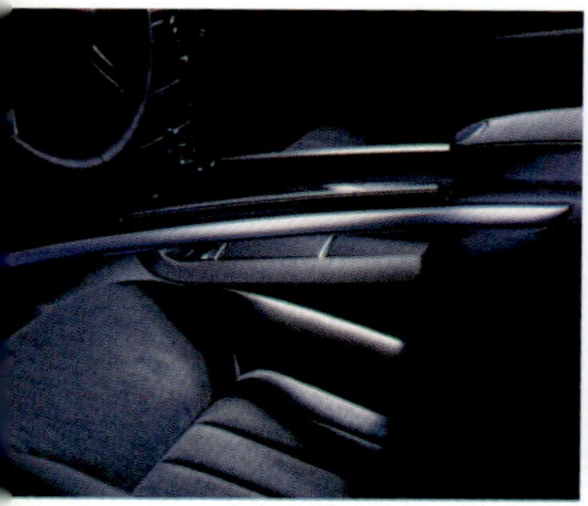

Le ML n'en oublie pas non plus ses qualités de baroudeur grâce à un système de transmission évolué.

Pas question de laisser BMW, Mercedes et Rover seuls sur le marché du 4X4 haut de gamme pour Porsche. C'est en collaboration avec Volkswagen que Porsche dévoile en 2002 son modèle Cayenne.

Si le Cayenne est bien un 4X4, il est avant tout un produit Porsche en termes de qualité de fabrication et de performance. En version turbo, ce sont 500 CV qui tonnent sous le capot !

Premier SUV de la marque, le Cayenne est aussi la première Porsche à quatre portes !

Il ne faut pas avoir peur de s'aventurer hors-pistes avec le Cayenne, il est aussi fait pour cela.

BB C 1035

La lutte des géants

Tendance morose pour les constructeurs de voitures de prestige dans les années 1970. Le marketing et la politique de fusion des grands groupes vont heureusement les sauver. La cible du luxe et du Grand Tourisme est en effet une valeur ajoutée intéressante à leur offre basée sur la production de masse.

Fiat va ouvrir le bal en intégrant dans ses rangs successivement Alfa Romeo, Lancia, Ferrari puis Maserati. Elle va donner aux deux dernières nommées les moyens de faire évoluer leurs gammes pour produire de vrais modèles d'exception, notamment Ferrari avec ses F40, F50, Enzo, 599 GTB ou tout récemment l'extraordinaire 458 Italia.

Le groupe Volkswagen/Audi ne va pas non plus laisser passer l'occasion d'enrichir son offre, en absorbant successivement Bugatti, Lamborghini et Bentley, avec à la clé d'extraordinaires réalisations. Toujours d'Allemagne, BMW, en plus de ses fabuleuses séries M, s'est récemment renforcée en acquérant Rolls-Royce et Mini. Si l'on ne présente plus la Mini nouvelle version, on connaît moins l'incroyable Rolls Phantom sortie en 2004. Massive et spectaculaire avec un poids de près de 2,5 tonnes, elle est tout de même capable de vous transporter à 240 km/h dans le parfum du cuir cousu main et des alliages de bois précieux !

Délaissées par Ford, Jaguar et Aston-Martin n'en conservent pas moins leur rang de fabricant de rêves sur quatre roues sous d'autres cieux. Chez Mercedes, la séparation d'avec Chrysler n'a cependant en rien freiné l'imagination des créateurs de la marque à l'étoile qui a révélé en 2010 sa spectaculaire SLS AMG et V8 6,2 litres « avouant » 571 CV. Chez Porsche enfin, renonçant à son statut d'indépendant que l'on croyait éternel, la marque allemande fait dorénavant partie du groupe Volkswagen /Audi. Outre l'indétrônable 911 bientôt dans sa version 998, le constructeur de Weissach a ajouté à son catalogue la Panamera, offrant ainsi un formidable vaisseau à quatre places aux fans de la marque.

C'est afin d'être présents dans de multiples segments que Mercedes et le groupe Daimler-Chrysler investissent sur Smart.

Présents dans le domaine des sportives avec leur Audi TT, Audi et le groupe Volkswagen n'en sont pas restés là en rachetant quelques fleurons de l'automobile de grand prestige, comme Lamborghini ou encore Bentley.

La griffe Motorsport de BMW a encore frappé fort avec la dernière mouture de la M5. Sous sa robe, qui ne laisse pas totalement présager de son caractère, se cache un redoutable V10 de 5 litres de cylindrée donné pour 507 CV. La barre mythique des 100 CV/litre est franchie !

[1] à [3] La presse dit d'elle qu'elle fut peut-être la meilleure GT du moment. Vitrine de cinquante ans d'expérience du constructeur allemand en sport automobile, la Carrera GT est la Porsche la plus puissante jamais construite.

1

2

3 [4] et [5] Univers différent chez Rolls-Royce avec la Phantom. Une Phantom au luxe bien réel !

4

5

[1] et [2] Extraordinaire 599 GTB Fiorano dont la poussée du V12 n'en finit jamais ! Italie, terre de rêve automobile !
[3] et [4] Feu d'artifice ces derniers temps chez Ferrari avec la 612 Scaglietti.
[5] Modèle suivi de la brillante F430.

[6] Après la reprise en main de Maserati par Ferrari qui a donné la 3200 GT, c'est le groupe Volkswagen/ Audi qui vient au secours de Lamborghini.
[7] La Gallardo dans sa version Spider.
[8] Le concept Miura II reprend fidèlement les traits de l'originale.

[1] et [2] La santé de Porsche n'a jamais été aussi florissante : le constructeur n'en finit pas de faire évoluer avec bonheur sa 911.
[3] Il explore également de nouveaux concepts avec la Cayman, remplaçante de la Boxster.

4

5

6

7

[4] C'est sous la houlette de Ford que fut élaborée l'Aston-Martin DB9.
[5] Volonté d'exotisme chez Chrysler avec la Prowler.
[6] Ford lance la réédition de la GT40.
[7] Ford assura également le développement du modèle XK chez Jaguar.

[1] et [3] La Smart For Two.
[2] et [5] Après la Smart For Two, Smart élargit sa gamme en proposant un roadster à l'allure bien sympathique.
[4] En difficulté, la marque doit développer de nouveaux modèles pour capter une nouvelle clientèle. C'est le cas avec la For Four, équipée de quatre portes.

4

5

Organisé tous les deux ans, le Mondial de l'automobile de Paris est l'une des rencontres majeures des constructeurs avec leur public.

1

2

Parmi les nouveautés et les modèles présentés en 2006 :
[1] Opel GT.
[2] BMW Z4M.
[3] Mercedes CL.
[4] Alfa Romeo 8C Competizione.
[5] Jaguar XKR20.
[6] BMW M6 cabriolet.

3

4

5

6

Quai des orfèvres

Face aux géants industriels évoqués plus haut, une caste demeure animée par la passion du cousu main et de la vraie exception automobile. Cette tradition est toujours aussi forte en Angleterre et, même si elle appartient au lointain groupe Proton, Lotus garde encore quelques traces de cet artisanat.

Comme au bon vieux temps de Colin Chapman, on y applique les recettes qui font le succès de la marque, simple, léger et efficace. Fidèle à la tradition de la marque d'Ethel, la Lotus Elise née en 1996, puis restylisée en 2002 doit son originalité à son châssis monocoque en aluminium collé inspiré de l'aéronautique lui permettant d'afficher un poids plume. Dotée d'un simple compresseur et d'une puissance de 220 chevaux, l'Elise Exige S se positionne aujourd'hui comme l'une des meilleures GT du monde.

Parfum d'authenticité également chez l'Anglais Morgan, qui avec son roadster V6 continue à produire une voiture dont la conception rappelle les saveurs et les sensations des voitures des années 1960. Outre-Manche toujours, la marque TVR est spécialisée depuis soixante ans dans la production au compte-gouttes de coupés et de cabriolets sans concession, uniquement voués à la performance. Les modèles Tuscan et Sagaris expriment parfaitement cette volonté d'exception propre aux artisans britanniques.

Aux États-Unis aussi, on cultive l'exotisme automobile ; la preuve avec un constructeur qui défraie actuellement la chronique dans les courses de grand tourisme. Il s'agit de Saleen, dont la S7 dispose de tous les ingrédients pour déchaîner les passions. Carrure imposante et moteur V8 7 litres d'origine Ford, le tout donné pour 550 chevaux et 350 km/h. Un mot enfin sur Pagani et ses missiles roulants, les Zonda, équipés de V12 Mercedes AMG développant jusqu'à 650 CV...

Incroyable Pagani Zonda, construite de manière artisanale, mais capable de performances inouïes.

LOTUS
ELISE

Digne héritière de l'esprit Lotus, l'Elise a tous les atouts : une ligne réussie, un poids mini et une efficacité diabolique. À elle seule, elle refait vivre la marque Lotus qui se mourait depuis la disparition de son fondateur Colin Chapman au début des années 1980.

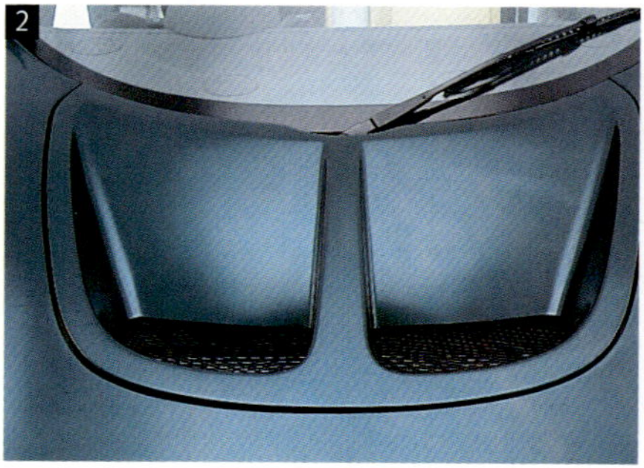

[1] à [3] Avant l'arrivée de l'Elise fin 1996, c'est le modèle Elan, deuxième du nom, qui est au catalogue de la marque anglaise.
[4] L'atout de l'Elise réside dans son faible poids.
[6] Ce résultat peut être atteint grâce au révolutionnaire procédé de la coque en aluminium collé.
[5] La grande sœur de l'Elise, la Lotus Seven.

4

5

6
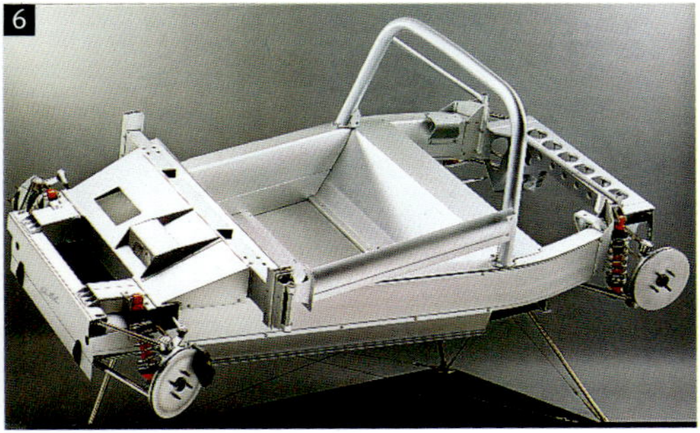

1

2

3

4

5

6

[1] et [2] On dit de la Pagani Zonda qu'elle est l'une des cinq voitures les plus rapides du monde.
[3] à [5] Elle détiendrait cet apanage avec la formidable Saleen, venue, elle, des États-Unis. Dans les deux cas, on parle de vitesse de pointe atteignant les 340 km/h...
[6] Plus raisonnable, mais tout aussi exclusive, la TVR Tuscan, venue d'Angleterre.

MTX
AUDIO

Du look et des watts

To tune, verbe qui exprime le réglage, la transformation. Il est ici question d'optimiser une voiture sous toutes les formes possibles et imaginables. Historiquement, c'est d'abord la performance que l'on a essayé de traquer : de l'inventeur de la première automobile, au consommateur du XXIe siècle.

C'est dans cet univers, aux frontières de la légalité, que débute et que se fonde l'histoire du tuning. Venu bien sûr des États-Unis, ce phénomène s'est d'abord illustré avec les fameux hot-rods, également connus sous le nom de customs. Il s'agit de transformer des voitures anciennes en surbaissant le toit par rapport à la caisse et en adaptant sur la « bête » d'énormes roues ainsi qu'un bon gros moteur V8 largement vitaminé.

L'autre tendance est celle des latinos, en l'occurrence surtout des Mexicains, qui équipent leurs gros pick-ups de vérins hydrauliques afin de les faire monter ou descendre au rythme de la musique à bord ! Car, si le look et la performance comptent énormément, le paramètre son et même image, avec de la video high-tech façon *home cinema*, entrent également largement en ligne de compte. Caissons de basses, subwoofers et amplis surpuissants réchauffent l'ambiance dans l'habitacle à coups non plus de watts mais de kilowatts.

Ces installations se doivent d'être tout aussi soignées que l'ensemble du véhicule. Si, à l'extérieur, jantes chromées, spoilers, ailerons et peintures spéciales sont de rigueur, il en est de même dans l'habitacle avec du chrome, du carbone, et une sono encastrée dans des éléments en Plexiglas rétroéclairés. Volonté de se démarquer et de créer un rêve automobile à son idée, le tuning est devenu un véritable phénomène de société, que ce soit aux États-Unis, en Europe ou encore au Japon.

Élément de navette spatiale ou robot ? Rien d'autre en fait qu'une vue arrière d'un habitacle légèrement transformé !

Déchaînement de puissance ou de chrome, le tuning puise son inspiration dans tous les courants automobiles. Chacun y trouve son compte.

Un dragster gorgé de chevaux fait lui aussi partie de la famille du tuning. Plus classique, la plupart des préparations tuning sont faites sur base de voitures de grande série. Quelques milliers d'heures de travail plus tard, la personnalisation est telle que la voiture en devient méconnaissable.

1633 WP 84
1778 XT 84

Véritable phénomène de société, le mouvement tuning attire des dizaines de milliers d'amateurs lors de ses grands rendez-vous, où des modèles tous plus incroyables les uns que les autres sont admirés.

Outre la puissance et l'aménagement du véhicule, le son a pris énormément d'importance dans les préparations tuning. Les voitures deviennent ainsi de véritables auditoriums à faire vibrer un pâté de maison !

Lancée aux États-Unis, la mode du tuning a déferlé sur l'Europe, mais aussi au Japon. Ce sont d'ailleurs les Japonais qui se sont plus particulièrement attachés à installer du son et de l'image très high-tech dans leurs autos.

ASTRA

12
Shell
Shell

LES VOITURES DE COURSE

De la course à la route

Au tout début de l'automobile, il existait un lien presque organique entre la course, la création de nouvelles marques et le progrès technique. C'est ainsi que, dans les années 1920 et 1930, certains constructeurs proposent dans leurs catalogues des véhicules dont les gènes sont issus de la compétition.

Dans cette course à la gloire, l'un des premiers jalons est posé par Mercedes avec sa Série S équipée d'un compresseur. Conçues pour le prestige, les Séries S, SS et SSK ne sont produites qu'en petites séries. De l'autre côté de la frontière, c'est en Alsace, à Molsheim, qu'apparaît en 1924 la fantastique Bugatti Type 35 qui, près de dix ans durant, permet à la marque de dominer le sport automobile comme aucun constructeur auparavant. Formidable machine à gagner, la 35 est également un véritable chef-d'œuvre esthétique, ce qui fait d'elle, avec 390 exemplaires produits, la voiture de course la plus vendue !

Autre exemple, avec le « camion le plus rapide du monde », dénommé ainsi par Ettore Bugatti. La Bentley 4,5 litres doit ce surnom à la filiation de la marque, qui produit d'abord des locomotives avant de passer à l'automobile. La surpuissante anglaise, qui reçoit elle aussi un compresseur, remporte de 1924 à 1930 cinq victoires en six participations. En Italie, c'est au tour d'Alfa Romeo de produire une voiture capable d'être compétitive sur la scène sportive et de donner un nouveau souffle à l'image de la marque. La 8C 2300 s'acquitte parfaitement de sa tâche en remportant Le Mans et les Mille Miglia. Des épreuves prestigieuses dans lesquelles la Delahaye 135 dans sa version compétition s'impose, tout comme au rallye de Monte-Carlo et même en Grands Prix !

Dérivée de la SS, la Mercedes SSK, avec son châssis raccourci, est une redoutable voiture de sport à la fin des années 1920.

D'allure massive, la Bentley 4,5 litres est aussi dotée de performances exceptionnelles, grâce à son puissant quatre-cylindres, qui reçoit par la suite un compresseur.

UU 5872

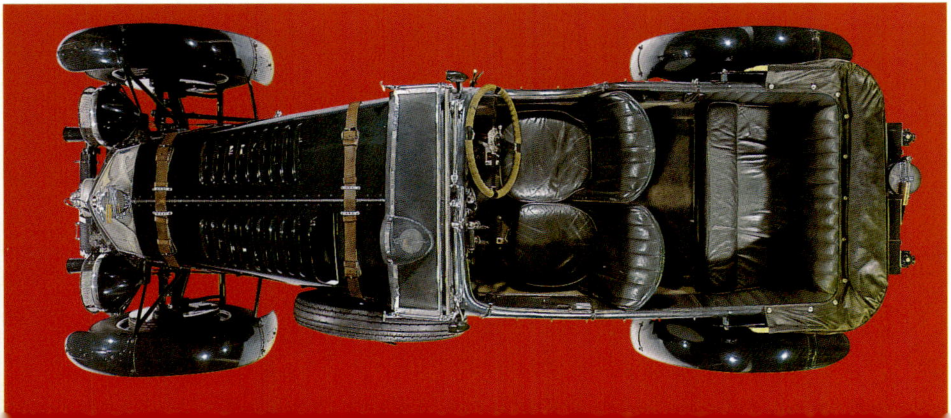

À bord de la 4,5 litres, le pilote a accès à toutes sortes d'informations grâce à la multitude de compteurs qui ornent le tableau de bord.

Carrossée par Touring, l'Alfa Romeo 8c 2900 coupé Berlinetta de 1938 évoque la vitesse grâce à sa carrosserie aérodynamique. Ainsi profilée, elle peut dépasser les 200 km/h.

Imposé par la longueur du huit-cylindres, l'interminable capot de l'Alfa se marie harmonieusement avec les grandes ailes galbées. Cette fière sportive, fleuron de la marque au trèfle en 1936, est commercialisée en une version civile légèrement assagie.

Très reculé pour un meilleur centrage des masses, le moteur V8 et ses doubles compresseurs permettent ainsi d'incliner fortement la calandre, donnant à la 8C une allure moderne.

GB

Classique parmi
les classiques
des années 1930,
la Delahaye 135
s'accommode
avec grâce de tous
les types
de carrosseries.

Le châssis de la 135 est aussi bon en compétition que sur la route. Du rallye de Monte-Carlo aux Vingt-Quatre Heures du Mans, cette incroyable voiture gagne tout. Le volant à quatre branches différencie la version routière de la version course, qui en possédait trois.

5

6

JSU793

JSU793

Signée Figoni et Falaschi, l'incroyable carrosserie habillant la 135
a de forts accents Arts déco et reste, sans doute, la plus célèbre.
Tout en rondeurs, son profil est aussi très efficace sur le plan aérodynamique.

CITROËN
TOTAL
MICHELIN
CITROËN
MICHELIN
NAVTEQ
EURODATACAR
NAVTEQ

Les reines de la route

Le rallye est le fondement même de la course automobile. Si c'est en 1906 que le premier circuit voit le jour en France, au Mans, c'est d'abord sur routes ouvertes, de ville à ville, que les premières compétitions automobiles ont lieu.

Loin d'être de simples courses de vitesse, ces courses sur route restent avant tout des épreuves au long cours où résistance et fiabilité s'imposent. La plus fameuse d'entre elles est le rallye de Monte-Carlo, créé en 1911, épreuve du Championnat du monde où se sont illustrés des monstres sacrés de la route comme Hotchkiss, Austin avec sa Mini Cooper ou Porsche et sa 911.

Les années 1970 voient apparaître une génération d'automobiles d'abord taillées pour la course avant d'être destinées au grand public. C'est le cas de la fameuse Alpine-Renault A110 qui truste les succès sur tous les terrains, de l'asphalte à la boue en passant par les chemins de pierre. La Lancia Stratos fait aussi rêver les amateurs de belles voitures, tant par ses performances que par sa ligne exceptionnelle.

L'évolution des règlements permet par la suite aux constructeurs de bâtir de véritables monstres de la route dénommés Groupe B, comme le furent les Peugeot 205 Turbo 16, la Lancia Delta S4 et autres. Quatre roues motrices inspirées de la fameuse Audi Quattro, moteur central et turbocompresseur comme la R5 Turbo, ces deux autos ont en commun d'utiliser ce détonant cocktail hautes performances ! Très et même trop rapides, ces bolides sont interdits au profit de produits plus raisonnables tels que la Lancia Delta HF qui engrange les succès à la fin des années 1980.

Excellent vecteur d'images, même si la notion de résistance fait place à celle de performance, le rallye permet à des marques de se révéler, comme Subaru à travers son Impreza, ou d'améliorer leur image, comme Citroën avec les succès de ses Xsara et C4 WRC.

Prise entre ciel et terre, la bondissante Citroën Xsara de Sébastien Loeb évoque parfaitement l'image du rallye.

Élaborée sur une base de Dauphine Renault, l'Alpine Renault, également connue sous le nom de Berlinette, écrit les plus belles pages de l'histoire du rallye.

Championne du monde des rallyes en 1973, elle révèle toute une génération de champions français.

Sous les traits de
la paisible Ford Escort,
le service course
de la marque réalise
une redoutable
machine de rallye
qui, dix années durant,
s'impose sur tous
les terrains.

Tout comme l'Escort,
la Lancia Delta sert de base
à la monstrueuse
SA Groupe B, et plus tard
à l'Integrale version groupe A
titrée à plusieurs reprises.

Concept-car devenue bête de rallye, la Lancia Stratos domine les compétitions routières au milieu des années 1970. Avec la Stratos, Lancia crée une voiture de course adaptée à une utilisation civile plutôt que le contraire.

Sur les quatre cents modèles nécessaires
à son homologation en rallye,
la légende veut que Lancia n'en ait
produit que deux cent cinquante. Quelques
rares versions civiles ont été vendues.

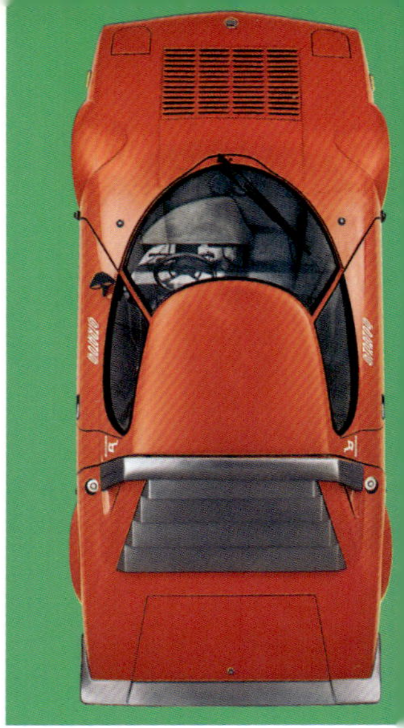

LANCIA HF
STRATOS

Tout est dédié à la performance avec la Lancia Stratos. Le moteur est en position centrale, tandis que 60 % de la voiture est en fibre de verre pour un poids plume de 910 kilos.

Un V6 Ferrari emprunté à la Dino équipe la Stratos, qui dispose ainsi d'une puissance de 190 chevaux.

Extrêmement
compacte,
la Stratos paraît
aussi haute
que large. L'étroit
cockpit, rapidement
surchauffé
par la proximité
du moteur, ne
favorise guère
la visibilité arrière.

Il faut oser, Renault le fait. Avec son moteur turbo en position centrale, la R5 Turbo est une vraie bombe. Le palmarès de la R5 Turbo, inaugurée en 1981 au rallye de Monte-Carlo, s'enrichit d'autres succès, notamment avec la Maxi 5.

5
RENAULT
CHAMPION
Valeo

elf PHILIPS autoradio elf
Ragnotti A*
Thimonier A*
elf
RENAULT
3
PHILIPS
autoradio
TOUR DE CORSE
RALLYE DE FRANCE
MAGNETI MARELLI
FACOM
RENAULT
Histoire & Collection
MICHELIN
MICHELIN

Des pistes
du Championnat
du monde à celles
du Paris-Dakar,
la Peugeot 205
Turbo 16 s' impose
sur tous
les terrains, comme
peu de voitures
l'ont fait
auparavant.

Admirablement orchestrée sur le plan du marketing, la 205 Turbo 16 a été engagée en course en même temps que le modèle lui-même, au grand bénéfice de son image. Construits à des fins d'homologation, deux cents exemplaires de la Turbo 16 sont produits.

TOTAL
clarion
PEUGEOT FINANCIAL SERVICES
Telstra
1
Telstra
RALLY AUSTRALIA
TOTAL
TOTAL
EURODATACAR
MICHELIN

Quinze ans après la 205, Peugeot renoue avec le rallye et les titres mondiaux grâce à sa 206 WRC équipée de quatre roues motrices et d'un moteur 2 litres turbo.

L'Audi Quattro et sa transmission à quatre roues motrices révolutionnent le rallye. Générant une meilleure motricité, cette technique est aujourd'hui incontournable dans les épreuves routières.

La Citroën Xsara dans sa version World Rallye Car (WRC) cumule les titres mondiaux aux mains du champion français Sébastien Loeb.

SUBARU
SUBARU
SUBARU TECHNICA INTERNATIONAL
MICHELIN
prodrive

EO54 FHH

C'est en s'impliquant fortement en rallye que la marque japonaise Subaru fait connaître ses produits, notamment la fameuse Impreza et son quatre-cylindres à plat au son si particulier.

BP
22
Shell
Shell
19
Gulf
Gulf
Gulf
Gulf

24 heures chrono

C'est en 1953 qu'un championnat du monde ouvert aux modèles Sport, Prototype et Grand Tourisme voit le jour. Ces voitures n'ont cependant pas attendu cette date pour s'affronter dans le cadre de courses de longue haleine, dont les Vingt-Quatre Heures du Mans, créées depuis 1923, sont le rendez-vous phare.

Cette compétition d'un nouveau genre, qui allie vitesse et endurance, attire très vite une immense foule. Côté constructeurs, une lutte de prestige s'engage dès lors, et c'est à celui qui parvient à inscrire plusieurs fois son nom au palmarès. Dans le sillage de Bentley et Alfa Romeo, Jaguar, dans les années 1950, brille de mille feux dans la Sarthe en remportant quatre victoires avec la Type C, puis la Type D, face à Maserati et Ferrari. La Scuderia prend sa revanche par la suite avant son grand affrontement avec le géant américain Ford. À force de moyens, les Ford MKII et GT40 arrachent la victoire aux italiennes à l'issue de bagarres qui font la légende du Mans.

Après l'ère des voitures de sport, les prototypes s'illustrent dans les années 1970. On se souvient bien sûr de Porsche et de sa spectaculaire 917 capable de performances impressionnantes pour l'époque, avec une vitesse de pointe dépassant les 350 km/h dans la fameuse ligne droite des Hunaudières. Les Matra, victorieuses trois années de suite, apportent ensuite une touche tricolore aux Vingt-Quatre Heures avant que Porsche n'aligne une impressionnante série de succès avec ses 936, 956 et 962.

Des victoires de Mazda à Peugeot en passant par Jaguar, Mercedes ou BMW, la classique mancelle n'a rien perdu de son prestige ces dernières années, avec l'implacable domination d'Audi et une historique victoire en 2006 de la R10 à moteur V12 diesel. Après Peugeot et sa 908 HDI FAP en 2009, c'est à nouveau Audi qui gagnera avec sa R15.

Porsche bat tous les records de vitesse au Mans avec sa fantastique 917 apparue en 1969.

1

2

3

4

[1] à [3]
De 1972 à 1974, La France vibre au son des V12 Matra et de leurs prototypes victorieux à trois reprises, avec notamment Henri Pescarolo au volant .

5

[4] à [7] En 1967, les magnifiques prototypes Ferrari P4 font mieux que se défendre en plaçant deux voitures sur le podium du Mans. Elle rapporte par ailleurs le titre mondial des marques.

6

7

Baptisée XKSS, la version civile de la Jaguar Type D ne possède pas la fameuse dérive allant jusqu'au capot prolongeant le cockpit.

Trois victoires consécutives aux Vingt-Quatre Heures du Mans de 1955 à 1957 saluent la carrière sportive de la Jaguar Type D à l'étude aérodynamique très poussée. Sa vitesse de pointe frôle les 290 km/h !

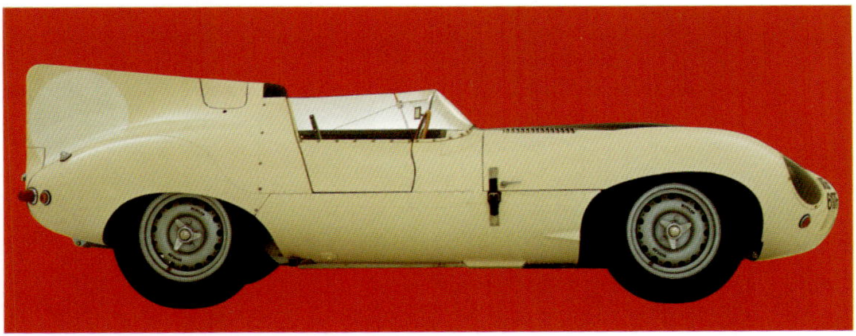

Shell
Shell
Shell
1
PORSCHE
BOSCH
BILSTEIN
TELETRON
DUNLOP
DUNLOP

1

POLA
3

2

Shell
2

3

David Piper
David Piper
AUTO RACING
32
PORSCHE

4

[2] et [4] Abonnée aux places d'honneur, c'est avec la 917 que Porsche cueille ses premiers lauriers aux Vingt-Quatre Heures du Mans en 1970 et 1971.
[1], [3] et [ci-dessus] Onze ans plus tard, le relais est pris par les Porsche 956 et 962 qui dominent quasiment une décennie d'éditions mancelles. Rigueur et fiabilité mécaniques, avec l'indestructible six-cylindres à plat turbocompressé, expliquent ces succès à répétition.

De 2000 à 2005, l'Audi R8 remporte soixante-deux victoires en Endurance, dont cinq aux Vingt-Quatre Heures du Mans. Qui dit mieux ?

Révolution en 2006 avec Audi toujours qui, grâce à sa toute nouvelle R10, impose pour la première fois un moteur diesel aux Vingt-Quatre Heures du Mans.

Shell
Shell
HONDA
12
Shell

Rêves de pilotes

Si les premiers Grands Prix sont disputés dans les années 1920, ce n'est que le 13 mai 1950, sur le circuit anglais de Silverstone, qu'est lancée la série professionnelle que l'on connaît aujourd'hui sous le nom de Formule 1.

Après la parenthèse de la Seconde Guerre mondiale, c'est le plus souvent avec du matériel conçu de longue date que les protagonistes de ce nouveau championnat se confrontent alors. C'est notamment le cas d'Alfa Romeo et de sa 158 élaborée en 1938 pour les épreuves dites de voiturettes. L'Alfetta remporte ainsi dix des treize premiers Grands Prix de Formule 1 entre 1950 et 1951 face aux bolides d'une marque en devenir, Ferrari.

Après les duels opposant principalement les constructeurs italiens Ferrari et Maserati aux Allemands de chez Mercedes dans les années 1950, c'est par la suite aux écuries anglo-saxonnes que la Scuderia a affaire. Après l'émergence d'une marque comme Brabham, c'est au tour des Lotus de remporter de nombreuses victoires. Ces succès sont en partie dus au fantastique moteur Ford Cosworth V8 qui, dans les années 1970, équipe la quasi-totalité du plateau face aux V12 Ferrari. Ferrari, avec sa 312T sacrée en 1975 et 1977 aux mains de Niki Lauda, parvient à résister, avant d'être bousculé par le génie de Colin Chapman, inventeur de l'effet de sol qui plaque au sol la monoplace grâce à un profil d'aile d'avion inversé installé sous la voiture. Le turbocompresseur imposé par Renault constitue peu après une autre révolution.

Plus près de nous, après avoir connu un long passage à vide permettant à des marques comme McLaren et Williams de glaner de nombreux succès, Ferrari renoue avec la victoire en trustant les titres mondiaux de 2000 à 2004, série interrompue par Renault, puis McLaren-Mercedes et enfin Red Bull-Renault pour le 60ème anniversaire de la Formule 1 en 2010.

Ayrton Senna au volant de la McLaren-Honda MP4/4 qui remporte en 1988 quinze courses sur seize.

La carrière de l'Alfa Romeo 158 dure de 1938 à 1951. Elle remporte les deux premiers titres mondiaux de l'histoire de la Formule 1 en 1950 avec Farina, et en 1951 avec Fangio.

C'est au volant de la Maserati 250 F que Juan Manuel Fangio remporte son cinquième et dernier titre en 1957. Doté de moyens limités, c'est en vendant à quelques riches amateurs des exemplaires de la 250 F que Maserati parvient à financer son service course.

C'est en 1974 que la Scuderia Ferrari et son ingénieur Mauro Forghieri conçoivent la Ferrari 312 T, T pour boîte de vitesses transversale accolée au fameux moteur V12 à plat. Elle remporte le titre mondial en 1975 et en 1977 avec Niki Lauda, ramenant la couronne chez les rouges après une longue période d'échecs.

TEXACO
TEXACO
GOODYEAR
HEUER
12
GOODYEAR

[1] La 375 est la première F1 construite par Ferrari. Elle se pose immédiatement en rivale de l'Alfa Romeo 158/159. Son moteur de 4,5 litres est porté jusqu'à 380 CV en 1951.

[2], [3] et [page de droite] Cinquante ans après son illustre aîné Nino Farina, Michael Schumacher, cinq fois champion du monde avec la Scuderia, teste à son tour la 375 F1.

CHAMPION
SPARK
PLUGS
5

L'histoire de la Lotus 49 est intimement liée à celle du Ford V8 Cosworth. Ils arrivent ensemble courant 1967 sur les grilles de départ de F1, le binôme devenant bien vite irrésistible. Jim Clark disparu, c'est Graham Hill qui remporte à son volant le titre en 1968.

1

2

3

4

[1], [2] et [4] Cette Lotus amène un vent de folie en F1. Normal, car c'est avec sa 79 que Colin Chapman, patron de Lotus, invente l'effet de sol qui plaque la voiture au sol.

5

[3], [5] et [6] Après la 49, la Lotus 72 est une autre réussite technique. Elle remporte deux titres mondiaux, l'un posthume avec Jochen Rindt en 1970, le second en 1972 avec Emerson Fittipaldi.

6

[1] et [3] La saga Renault en plusieurs temps : les titres mondiaux acquis en 2005 et 2006 par Fernando Alonso, et celui de Nigel Mansell sur Williams à moteur Renault en 1992.
En 2010, Sebastian Vettel est champion du monde sur une Red Bull à moteur Renault.

Le partenariat entre le constructeur français et l'écurie Williams est particulièrement fructueux.
[Ci-dessous] La FW18 à moteur V10 s'impose en 1996 avec Damon Hill.
[2] La FW 19, un an plus tard avec Jacques Villeneuve.

[Ci-dessous] et [page de droite] Quelques monoplaces ont dominé leur époque. C'est le cas en 2004 de la Ferrari F2004 qui remporte quinze victoires sur dix-huit possible, dont treize pour le compte de Michael Schumacher. Ferrari peut célébrer son quatorzième titre mondial des constructeurs !

[Double page suivante] Fernando Alonso au Grand Prix de Malaisie sur sa Renault en 2005.

SIMPLY
THE BEST

vodafone
vodafone
V-Power
AMD

Telefonica
RENAULT
ChronoTech
Telefonica

Telefónica
HANJIN
MICHELIN
elf
MODE
5

Index

MOTOROLA
GT1 4
CORVETTERACING.COM

J-L

M

BB PW 287

CRÉDITS PHOTOGRAPHIQUES

La grande majorité des photographies de cet ouvrage proviennent de l'agence Art-Tech.
Un important complément nous a été fourni par l'Agence DPPI ainsi que par certains constructeurs que nous remercions vivement :
Audi, BMW France, Cadillac, Citroën (Citroën Communication), Chevrolet-Hummer, Daimler-Chrysler, Fiat, Land Rover, Mercedes, Peugeot (musée de l'aventure), Porsche France, Renault (Renault Communication), Wolkswagen France.

Achevé d'imprimer en août 2012
Imprimé en Chine

ES AVIONS 1001 PHOTOS
LES BÉBÉS ANIMAUX 1001 PHOTOS
LA CORSE 1001 PHOTOS
LES CHEVAUX 1001 PHOTOS
LES CHIENS 1001 PHOTOS
LE CINÉMA 1001 PHOTOS
LES MOTOS DE RÊVE 1001 PHOTOS
NEW YORK 1001 PHOTOS
LES OISEAUX 1001 PHOTOS
PARIS 1001 PHOTOS
LES PEUPLES DU MONDE 1001 PHOTOS
LE RUGBY 1001 PHOTOS
ES CHIENS 1001 PHOTOS
LE CINÉMA 1001 PHOTOS
LE CYCLISME 1001 PHOTOS
L'ÉGYPTE 1001 PHOTOS
LE FOOTBALL 1001 PHOTOS
LA FRANCE DES VILLAGES 1001 PHOTOS
LES PEUPLES DU MONDE 1001 PHOTOS
LE RUGBY 1001 PHOTOS
LA TERRE 1001 PHOTOS
LES TRAINS 1001 PHOTOS
LES VOITURES DE RÊVE 1001 PHOTOS
LES AVIONS 1001 PHOTOS
E FOOTBALL 1001 PHOTOS
LA FRANCE DES VILLAGES 1001 PHOTOS
LES ÎLES DU MONDE 1001 PHOTOS
LES MERVEILLES DE LA FRANCE 1001 PHOTOS
LES MERVEILLES DU MONDE 1001 PHOTOS
LES MOTOS DE RÊVE 1001 PHOTOS
LES VOITURES DE RÊVE 1001 PHOTOS
LES AVIONS 1001 PHOTOS
LES BÉBÉS ANIMAUX 1001 PHOTOS
LES CHATS 1001 PHOTOS
LES CHEVAUX 1001 PHOTOS
LES CHIENS 1001 PHOTOS
SOLAR